Langenscheidt Grundschulwörterbuch

Langenscheidt

München · Wien

EINLEITUNG

Liebe Schülerin, lieber Schüler,

in diesem Wörterbuch findest du 2028 Wörter in der deutschen Sprache. In großen Wörterbüchern für Erwachsene gibt es ungefähr 200.000. Da sind dann aber auch Wörter wie „Rockenbolle" dabei, die man nicht so oft benutzt. Das ist übrigens eine Zwiebelart.

Wie viele Wörter braucht man eigentlich? Man kann sich im Alltag mit 400 bis 500 Wörtern unterhalten.

Mit etwa 1400 Wörtern kann man Texte lesen.

Dieses erste Wörterbuch hilft dir dabei, in die neue Sprache zu starten und viel Freude daran zu haben.

Wir haben uns überlegt, dass dafür zwei Dinge wichtig sind: Du sollst das Wörterbuch selbstständig benutzen können, und es soll dir Spaß machen, darin zu blättern.

Spaß machen Wörterbücher, wenn sie viele interessante und lustige Bilder haben, die das Verstehen unterstützen. Das haben uns Schülerinnen und Schüler in deinem Alter gesagt. Bilder helfen dabei, sich das Wort zu merken. Man denkt an das Bild und erinnert sich an das Wort.

Wir haben Wörter ausgesucht, die für Kinder in deinem Alter wichtig sind. Dafür stellen wir zwei Kinder, ihre Familien und Freunde in den Mittelpunkt.

Damit du das Wörterbuch selbstständig nutzen kannst, haben wir alle Wörter in eine alphabetische Reihenfolge gebracht. An den Seiten hilft dir das Daumenregister.

EINLEITUNG

Auf den Seiten 196 bis 233 findest du Bildseiten zu bestimmten Themen. Auch hier haben wir überlegt, welche Themen für dich wichtig sind.

Es ist hilfreich, wenn man ein neues Wort nicht nur lesen kann, sondern es auch hört.

Dabei hilft dir der TING-Stift, denn er macht die Wörter hörbar. Tipp mit ihm die Bilder und die Schrift an, dann hörst du die Wörter und Sätze auf Deutsch.

Probiere es am besten selbst aus, indem du mit jemandem in der Sprache sprichst. Zur Unterstützung gibt es auf den Themenseiten Spiele für den TING-Stift. Hier kannst du die Sprache anwenden. Tipp einfach dort auf die Symbole am unteren Bildrand und schon geht's los:

 Spielstart

 Spielanleitung

 Spielende

Du wirst staunen, wie viele Wörter du schon kennst, wenn du sie im Wörterbuch gehört und selbst gesprochen hast. Wir wünschen dir viel Spaß mit dem Langenscheidt Grundschulwörterbuch Deutsch!

Gila Hoppenstedt und das Kids-Team des Langenscheidt Verlags

Unser Service für dich: Nutze kostenlos das Langenscheidt Online-Wörterbuch. Dort findest du alle Begriffe aus diesem Buch zum Anhören. Registriere dich bitte einfach unter http://woerterbuch.langenscheidt.de mit dem Code: gswde

Die Registrierung ist möglich bis einschließlich 30.09.2016. Ab Registrierung erhältst du drei Jahre kostenlos Zugriff auf die Online-Version.

INHALTSVERZEICHNIS

EINLEITUNG —— 2

DEUTSCHE WÖRTER
VON A–Z —— 5

A —— 5
B —— 14
C —— 26
D —— 29
E —— 37
F —— 48
G —— 59
H —— 68
I —— 78
J —— 81
K —— 83
L —— 95
M —— 103
N —— 113
O —— 120
P —— 124
Q —— 130
R —— 131
S —— 137
T —— 161
U —— 170
V —— 175
W —— 181
Z —— 190

THEMEN & SPIELE —— 196

Bens Familie —— 196
Lisas Tag —— 198
Unsere Stadt —— 200
Die Waldentdecker —— 202
Das verrückte Haus —— 204
Wir machen Musik —— 206
Bens Stundenplan —— 208
Im Shoppingcenter —— 210
Das Jahr —— 212
In der Schule —— 214
Auf dem Markt —— 216
Sport macht Spaß —— 218
Gegensätze —— 220
Am Strand —— 222
Mein Körper —— 224
Verkehrsgewimmel —— 226
Tiere aus aller Welt —— 228
Die besten Freunde —— 230
Picknick im Park —— 232

UMGANGSSPRACHE:
DAS KANN MAN AUCH
ANDERS SAGEN —— 234

IMPRESSUM —— 235

A

ab

ab
Stell bitte das Radio ab. *(aus)*
Ab morgen fahre ich mit dem Fahrrad. *(von morgen an)*
An der Jacke ist ein Knopf ab. *(weg)*

die Abbildung
Die Abbildung zeigt eine Blume.

der Abend
Am Abend scheint der Mond.

das Abendessen
Zum Abendessen trifft sich die ganze Familie.

abends
Ich muss abends um acht Uhr zu Hause sein.

das Abenteuer
Die Nachtwanderung war ein tolles Abenteuer. *(Erlebnis)*

aber
Ich mag keine Bohnen, aber ich mag Erbsen.

abmachen
Ich habe mit ihr abgemacht, dass wir uns um drei Uhr treffen.

der Abschied
Zum Abschied haben wir ein Lied gesungen.

abschließen
Herr Müller schließt die Tür ab.

8
acht

18
achtzehn

alt

80
achtzig

addieren
Wenn ich 12 + 8 addiere, erhalte ich 20.

die Adresse
Ist das deine Adresse?

der Advent
Die Zeit vor Weihnachten wird Advent genannt.

der Affe
Der Affe macht einen Purzelbaum.

ähnlich
Mein Bruder und ich sehen uns ähnlich.
(gleichartig sein)

das Album
In diesem Album sind meine Babyfotos. Ich habe drei Alben.

alle
Alle Katzen schlafen.

allein
Ich bin heute allein zu Hause.

alles
Tante Lilly kauft alles für unser Picknick.

als
Sam läuft schneller als Ben.
Mama hat sich gefreut, als ich ihr Blumen gepflückt habe.

alt
Das ist ein altes Auto.

am

A

am
Zum Frühstück sitzen wir am Küchentisch.
Am Sonntag gehen wir ins Kino.
Ich esse am liebsten Pizza.

die Ameise
Die winzige schwarze Ameise trägt ein großes grünes Blatt.

die Ampel
Die Ampel zeigt Rot.

an
Mach bitte den Computer an.
Das Wort steht an der Tafel.

die Ananas
Was kostet eine Ananas?

ändern
Du musst die Richtung ändern.

anders
Diese Orange ist anders als die erste.

der Anfang
Am Anfang des Unterrichts stehen wir alle auf.

anfangen
Das geht zu schnell. Ich habe noch gar nicht angefangen!
Darf ich anfangen?

anfassen
Bei dem Spiel müssen sich alle anfassen.

die Angel
Karl hat einen alten Schuh an der Angel.

die Angst
Die Maus hat keine Angst vor der Katze.

antworten

ängstlich
Meine kleine Schwester ist noch ein bisschen ängstlich, wenn sie allein ist.

anhaben
Ich habe heute meine Lieblingshose an.

anhalten
Der Polizist hält das Auto an.

A

anmachen
Mach bitte den Computer an.

anprobieren
Mia probiert ein neues T-Shirt an.

ans
Kannst du bitte ans Telefon kommen?

anschalten
Kannst du bitte das Radio anschalten?

die Anschrift
Wenn wir umziehen, bekommen wir eine neue Anschrift.

anspitzen
Ich muss meinen Bleistift anspitzen.

der Anspitzer
Darf ich mir deinen Anspitzer ausleihen?

die Antwort
Weißt du die Antwort?

antworten
Wenn ich gefragt werde, antworte ich.
Ich kann die Frage beantworten.

anziehen

anziehen
Moment, ich ziehe mich gerade an.

anzünden
Mama zündet die Kerze an.

der Apfel

Mia beißt in den Apfel.

A

der Apfelsaft
Lisa trinkt gerne Apfelsaft.

die Apfelsine
Die Apfelsinen sind schön süß.

die Apotheke

Vor der Apotheke steht ein Brunnen.

der April
Am 1. April machen wir Aprilscherze.

das Aquarium

Im Aquarium schwimmen Fische.

die Arbeit

Meine Mutter ist noch bei der Arbeit.

arbeiten
Wo ist Papa? Er arbeitet.

das Arbeitsblatt
Wir sollen das Arbeitsblatt ausfüllen.

das Arbeitszimmer
Der Computer steht im Arbeitszimmer.

10

aufheben

ärgerlich
Opa findet es ärgerlich, wenn er seine Brille nicht findet.

ärgern
Mama ärgert sich darüber, dass es regnet.

arm
Leute, die kein Geld haben, sind arm.

A

der Arm
Die Kinder heben ihre Arme hoch.

das Armband
Das Armband gehört Oma.

der Arzt, die Ärztin
Die Ärztin macht einen Verband um den Fuß.

der Ast
Vorsicht! Der Ast bricht.

der Atlas
Im Atlas finde ich Landkarten.

auch
Zum Geburtstag habe ich auch ein Buch bekommen.
Ich hatte auch schon mal Keuchhusten.
Darf ich auch einen Keks nehmen?

auf
Zwei Hühner sitzen auf dem Zaun.

die Aufgabe
Solche Aufgaben sind leicht.
Ich bin gleich mit der Aufgabe fertig.

aufheben
Heb den Müll sofort auf!

11

aufhören

aufhören
Gummitwist ist so lustig. Wir wollen gar nicht aufhören.

aufmachen
Wenn wir das Fenster aufmachen, wird es kühl im Zimmer.

aufpassen
Sam passt auf das Baby auf.

aufräumen
Ich muss heute mein Zimmer aufräumen. Erst wenn das Zimmer aufgeräumt ist, darf ich rausgehen.

aufs
Der Kater Felix ist aufs Dach geklettert.

der Aufsatz
Wir schreiben einen Aufsatz über unser Ferienabenteuer.

aufstehen
Lisa muss früh aufstehen.

aufwachen
Wach auf! Die Sonne scheint.

aufwecken
Der Krach vor dem Fenster hat mich aufgeweckt.

das Auge
Die Katze hat grüne Augen.

die Augenbraue
Der Clown hebt eine Augenbraue.

der August
Im August sind in vielen Ländern Schulferien.

das Auto

aus
Das Spiel ist aus.
(zu Ende, vorbei)
Das Spielzeug ist aus Holz. *(von, das Material)*
Der Tee kommt aus China. *(von, da her)*

der Ausgang
Das Kino hat zwei Ausgänge.

ausgehen
Meine Eltern wollen heute ausgehen. *(fortgehen)*
Die Kerze ist ausgegangen. *(erloschen)*

ausgezeichnet
Das Essen schmeckt ausgezeichnet.

ausmachen
Ich habe den Computer ausgemacht. *(beendet)*
Wir haben ein Treffen ausgemacht. *(verabredet)*

ausprobieren
Wir wollen heute ein neues Spiel ausprobieren. *(testen)*

ausschalten
Um sieben Uhr soll der Fernseher ausgeschaltet werden. Emma schaltet ihn aus.

ausschneiden
Wir malen bunte Blätter und schneiden sie aus.

außer
Es sind alle da außer Ben. Der ist krank.

aussteigen
Am nächsten Bahnhof müssen wir aussteigen.

ausziehen
Wenn es wärmer wird, können wir endlich die dicken Jacken ausziehen.

das Auto
Das rote Auto ist uralt.

13

B

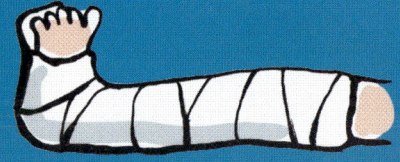

der Bahnhof

das Baby
Mama hat ein neues Baby.

backen
Mama backt jeden Sonntag Törtchen.

der Bäcker
Beim Bäcker gibt es frische Brötchen.

B

die Bäckerei
Die Bäckerei ist sonntags geschlossen.

das Bad
Im Bad sind alle meine Waschsachen.
Manche Wohnungen haben zwei Bäder.

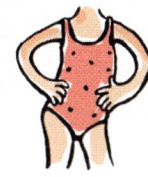

der Badeanzug
Der Badeanzug hat schwarze Punkte.

die Badehose
Bens Badehose ist viel zu groß!

baden
Wenn es heiß ist, bade ich jeden Tag.

das Badetuch
Sam liegt auf dem Badetuch.

die Badewanne
Henry spielt in der Badewanne Pirat.

die Bahn
Oma fährt am liebsten mit der Bahn.

der Bahnhof
Unsere Stadt hat einen Bahnhof.

15

bald

bald
Ich hoffe, wir sehen uns bald wieder.

der Balkon
Das Haus hat einen Balkon.

der Ball
Tor! Der Spieler schießt den Ball ins Tor.

die Banane
Heb bitte die Bananenschale auf. Jemand könnte auf ihr ausrutschen.

die Bank
Die Bank ist neben dem Rathaus.

der Bär
Bären lieben Honig.

der Bart
Der Weihnachtsmann hat einen langen weißen Bart.

der Basketball
Ben spielt gerne mit dem Basketball.

der Basketballspieler, die Basketballspielerin
Die Basketballspieler brauchen einen Korb. Basketballspieler müssen gut werfen können.

der Bauch
Tims Bauch tut weh.

die Bauchschmerzen
Wenn ich zu viel Eis esse, kriege ich Bauchschmerzen.

bauen
Tim baut einen Turm mit seinen Bausteinen.

16

beinahe

der Bauer, die Bäuerin
Henrys Opa ist Bauer und seine Oma ist Bäuerin.

der Bauernhof
Henrys Großeltern haben einen Bauernhof.

der Baum
Im Garten steht ein großer alter Baum.

B

die Baustelle
Das Betreten der Baustelle ist für Kinder verboten.

bedanken
Ich habe mich für das neue Fahrrad bedankt.

der Beginn
Der Beginn ist der Anfang. Es geht los, wenn es beginnt.

beginnen
Die Schule beginnt um acht Uhr.

bei
Lisa ist bei Susie.
Bei Regenwetter spielen wir im Haus.

beide
Die Zwillinge sehen gleich aus. Sie haben beide rote Haare.

beim
Wir holen das Fleisch beim Metzger.

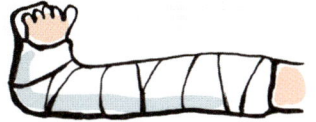

das Bein
Ben hat einen Gipsverband an seinem Bein.

beinahe
Papa hat beinahe den Zug verpasst. *(fast)*

17

das Beispiel

das Beispiel
Das ist ein gutes Beispiel.
Ich mache gern Sport, zum Beispiel Turnen.

beißen
Mia beißt in den Apfel.

bekommen
Ben bekommt heute sein Zeugnis.

B

bellen
Sam bellt die Hühner an.

belohnen
Oma belohnt Mia mit einem Stück Kuchen.

die Belohnung
Wenn ich Oma im Haushalt helfe, kriege ich eine Belohnung.

benutzen
Tante Lilly benutzt den Fahrstuhl, wenn sie schwere Sachen eingekauft hat.

das Benzin
In diesen Tank passt viel Benzin.

beobachten
Ben beobachtet ein Reh.

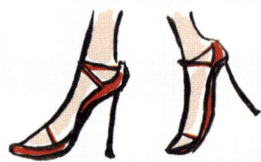

bequem
Die Schuhe sehen nicht sehr bequem aus!

bereits
Als ich zu Idas Geburtstag kam, waren bereits alle Gäste da.

der Berg
Wir wandern heute in die Berge.

bevor

der Beruf
Mein Vater ist Techniker.
Das ist sein Beruf.

berühmt
Winnetou ist ein
berühmter Mann.

berühren
Ich berühre den
Touchscreen mit
der Fingerspitze.

B

beschäftigt
Mama ist mit Packen
beschäftigt.

besetzt
Die Toilette ist besetzt.

besitzen
Opa besitzt
ein altes Auto.

besonders
Turnen mag ich
besonders gern.

das Besteck
Zu einem Besteck
gehören ein Löffel,
eine Gabel und ein
Messer.

bestimmt
Oma bringt mir
bestimmt ein
Geschenk mit.

das Bett
Wer liegt im Bett?

die Bettdecke
Unter meiner Bettdecke
ist es schön warm.

bevor
Mama joggt, bevor
sie frühstückt.

19

bewegen

bewegen
Die Blätter bewegen sich im Wind.

bewölkt
Der Himmel ist bewölkt.

bezahlen
Ich habe fünf Euro. Damit kann ich meinen Comic selbst bezahlen.

B

biegen
Opa biegt die Zweige zur Seite.

Das Auto biegt um die Ecke.

die Biene
Die Biene trinkt Nektar aus der Blüte.

der Bikini
Tante Lilly trägt einen grünen Bikini.

das Bild
Das Bild zeigt eine Landschaft.

billig
Diese Schulhefte sind so billig. Wir können zwei kaufen!

die Birne
In der Birne ist ein Wurm!

bis
Ich bleibe heute bis 15 Uhr in der Schule.

Ich gehe bis zur Ecke, dann kehre ich wieder um.

bisschen
Ich nasche ein bisschen Schokolade.

bitten
Das Kind bittet um ein Eis.

die Blume

blasen
Henry bläst die Kerzen aus.
Der Wind bläst heftig.

das Blatt
Das ist ein leeres Blatt Papier.
Im Herbst fallen die Blätter von den Bäumen.

blau
Tim trägt seine blaue Lieblingskappe.

bleiben
Ben bleibt heute zu Hause, weil er krank ist.

der Bleistift
Oma hat mir einen neuen glitzernden Bleistift gekauft.

blicken
Mia blickt aus dem Fenster.

B

der Blitz
Was für ein heller Blitz!

blitzen
Siehst du, wie es blitzt?

der Block
Auf dem Block notiere ich, was ich einkaufen soll.

blond
Mia hat blonde Haare.

blühen
Im Frühling blühen die Osterglocken.
In meinem Zimmer blüht ein Kaktus.

die Blume
Das Gänseblümchen ist meine Lieblingsblume.
Auf dem Markt riecht es nach Blumen.

21

der Blumenkohl

der Blumenkohl
Was kostet der Blumenkohl?

die Bluse
Diese Bluse mag ich nicht!

die Blüte
Die Kirschbäume sind in voller Blüte.

B

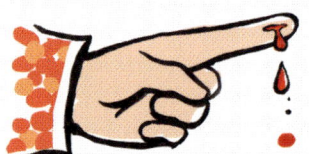

bluten
Au! Mein Finger blutet.

der Boden
Das Baby krabbelt auf dem Boden.
(auf der Erde)

die Bohne
Ich mag keinen kalten Bohnensalat.

bohren
Man soll nicht in der Nase bohren.

das Boot
Das Boot segelt auf dem See.

böse
In Märchen gibt es gute und böse Feen.

boxen
Sportler, die boxen, brauchen Boxhandschuhe.

der Brand
Die Feuerwehr hat den Brand schnell gelöscht.

braten
Wir braten Würstchen zum Abendessen.

das Brot

brauchen
Ich brauche einen neuen Tuschkasten!

braun
Ben hat braune Haare.

brav
Kinder, die tun, was man ihnen sagt, sind brav.
Es ist schwer, immer brav zu sein.

breit
Der Fluss ist ziemlich breit.

bremsen
Das Auto bremst vor der roten Ampel.

brennen
Hilfe! Der Mülleimer brennt!

der Brief
Oma schreibt gerne Briefe zu Weihnachten.

der Briefkasten
Ich stecke die Postkarte in den Briefkasten.

die Briefmarke
Ich klebe eine Briefmarke auf die Postkarte.

die Brille
Opa trägt eine Brille.

bringen
Bring mir deine schmutzigen Socken, ich stecke sie in die Waschmaschine.

das Brot
Der Bäcker backt jeden Morgen frisches Brot.

das Brötchen

das Brötchen
Welches Brötchen möchtest du?

die Brücke
Das rote Auto fährt über die Brücke.

der Bruder
Tim ist Mias kleiner Bruder.

B

brüllen
Im Dschungel brüllt ein Tiger.

der Brunnen
Die Tauben baden im Brunnen.

die Brust
Das Baby trinkt an der Brust.

brüten
Hühner brüten ihre Eier 21 Tage.

das Buch
Das ist ein Buch über die Steinzeit.

die Bücherei
In der Bücherei kann man Bücher leihen.

die Buchhandlung
Der Junge sucht in der Buchhandlung ein Buch über Ritter.

der Buchstabe
Der erste Buchstabe ist ein A. Der letzte Buchstabe ist ein Z.

der Bügel
Papa hängt seine Hose auf den Bügel.

die Butter

bunt
Die Ostereier sind schön bunt.

der Buntstift
Ich habe Buntstifte in 24 Farben.

die Burg
Auf der Burg haben die Ritter gelebt.
Die meisten Burgen sind heute Ruinen.

der Bürgersteig
Kleine Kinder dürfen auf dem Bürgersteig Fahrrad fahren.

das Büro
In Mamas Büro steht ihr neuer Computer.

die Bürste
Lisa kämmt sich mit der Bürste.

B

bürsten
Ich bürste meine Haare jeden Tag.

der Bus
Henry fährt mit dem Bus zur Schule.

der Busch
Unter dem Busch lebt ein Igel.

der Busfahrer, die Busfahrerin
Der Busfahrer vom Schulbus ist nett.
Die Busfahrerin sitzt am Steuer.

die Bushalte-stelle
Der Bus hält an der Bushaltestelle.

die Butter
Darf ich bitte die Butter haben?

25

der Clown

das Café
Manchmal kauft mir Oma ein Eis im Café.

campen
Meine Familie geht gerne campen.

der Campingplatz
Der Campingplatz liegt direkt am Meer.

die CD
Lisa und Susie hören gerne Popmusik-CDs.

der Cent
100 Cent sind ein Euro.

chatten
Lisa will mit ihrer Freundin chatten.

der Chef, die Chefin
Frau Meyer ist Tante Lillys Chefin.

die Chips
Tante Lilly liebt Chips.

der Chirurg, die Chirurgin
Der Chirurg operiert im Krankenhaus. Ich kenne eine Chirurgin.

der Chor
In einem Chor singen viele Menschen zusammen.

die City
Die Innenstadt nennt man City.

der Clown
Der Clown trägt einen langen Mantel.

27

die Cola

die Cola
Ich trinke gerne Cola mit Eis und Zitrone.

der Comic
Ben hat viele Comics.

der Computer
Der Computer ist im Arbeitszimmer.

der Container
In den Containern werden Waren transportiert.
Der Müll kommt in den Container.

die Cornflakes
Ben isst Cornflakes mit Milch.

die Couch
Sam liegt auf der Couch.

der Cousin
Tim ist Bens und Lisas Cousin.

die Cousine
Mia ist Bens und Lisas Cousine.

der Cowboy
Cowboys tragen Stiefel und Cowboyhüte.

die Creme
Mama reibt mir Creme auf die Haut.

cremig
Das Eis ist schön cremig.

die Currywurst
Die Currywurst ist eine Bratwurst mit Ketchup und Gewürzen.

da

da
Ich freue mich, wenn mein Hund da ist.
Die Post ist da!
Da hinten ist unser Haus.

dabei
Wenn es dunkel ist, habe ich meine Taschenlampe dabei.

das Dach
Auf dem Dach sitzt ein Vogel.

der Dachboden
Zum Dachboden führt eine geheime Leiter.

damit
Ich stelle mir den Wecker, damit ich nicht zu spät komme.
Die Schere ist scharf, damit kann man gut schneiden.

danach
Zuerst gehe ich in die Schule, danach besuche ich meinen Freund Dezim.

danken
Ich danke dir für deine Karte.

dann
Zuerst spielen wir, dann essen wir, dann sehen wir fern.

darum
Ich habe meine Jacke vergessen, darum friere ich jetzt.

darunter
Das Buch liegt nicht auf dem Tisch. Es liegt darunter. *(unter dem Tisch)*

das
Das ist das Haus vom Nikolaus.

dauern
Wenn es einen Stau gibt, dauert die Fahrt länger.

das Deo

der Daumen
Das Baby lutscht am Daumen.

davor
Jetzt bin ich ein Schulkind, davor war ich im Kindergarten.
Das ist ein Zaun, davor steht ein Fahrrad.

dazu
Das ist ein Spiel. Dazu gehört ein Würfel.
Ich esse gerne Pfannkuchen und dazu Marmelade.

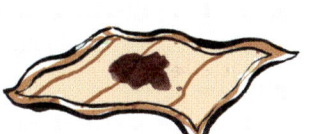

die Decke
Auf der Decke ist ein großer schwarzer Fleck!

der Deckel
Wenn der Deckel nicht auf dem Glas ist, wird die Marmelade schlecht.

dein
Ist das deine Schwester?

dekorieren
Mama dekoriert den Tisch.

der Delfin
Der Delfin springt aus dem Wasser.

denken
Woran denkst du?

das Denkmal
Das Denkmal stellt einen Künstler dar.

denn
Ich brauche einen Fahrschein, denn ich will mit dem Zug fahren.

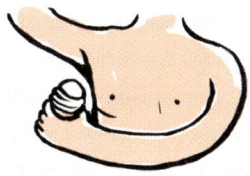

das Deo
Mein großer Bruder hat ein Deo. Das Deo riecht komisch.

31

der

der
Der Weg führt bergauf.

deshalb
Papa hat den Zug verpasst, deshalb kommt er später an. *(deswegen)*

der Detektiv, die Detektivin
Der Detektiv arbeitet im Kaufhaus.

deutlich
Kannst du das bitte deutlich aussprechen! *(verständlicher, besser)*
Das Wetter ist deutlich besser geworden. *(viel, wesentlich)*

deutsch
Wir schreiben einen deutschen Satz.
Ich spreche deutsch.

Deutsch
Meine Muttersprache ist Deutsch.
Deutsch ist meine zweite Sprache.

Deutschland
Ich bin in Deutschland geboren.
Ich wohne jetzt in Deutschland.

der Dezember
Im Dezember feiern wir Weihnachten.

dick
Das ist ein dickes Tier.

der Dieb, die Diebin
Der Dieb hat die Tasche gestohlen!

der Dienstag
Dienstag ist der zweite Tag der Woche.

dienstags
Wir gehen dienstags immer in die Schwimmhalle.

der Dorn

diese, dieser, dieses
Wem gehören diese Schuhe?

das Diktat
Ich habe im Diktat drei Fehler gemacht.
Wir haben schon drei Diktate geschrieben.

das Ding
Was ist das für ein Ding?

der Dinosaurier
Tims Kuscheltier ist ein Dinosaurier.

doch
Wir haben das Spiel doch noch gewonnen. *(trotzdem)*
Ich habe doch gewusst, dass du kommst. *(natürlich, selbstverständlich)*

der Doktor, die Doktorin
Der Doktor trägt einen weißen Kittel.

der Donner
Mit großem Donner fährt ein Zug in den Bahnhof.

donnern
Es donnert schon. Das Gewitter zieht heran.

der Donnerstag
Donnerstag ist der vierte Tag der Woche.

doppelt
Wir haben doppelt bezahlt. Das war einmal zu viel. *(zweifach)*

das Dorf
Das Dorf hat nur fünf Häuser.

der Dorn
Die Rosen haben viele Dornen.
Der Dorn hat mich gepikt.

33

dort

dort
Der Besen steht dort in der Ecke. *(da)*

die Dose
Die alte Dose gehört in die Wertstofftonne.

der Drache
Der Drache spuckt Feuer.

der Drachen
Der Drachen steigt hoch in den Himmel.

draußen
Ist die Katze draußen?

der Dreck
Es ist so viel Dreck auf dem Spielplatz, dass wir erst fegen müssen. *(Schmutz)*

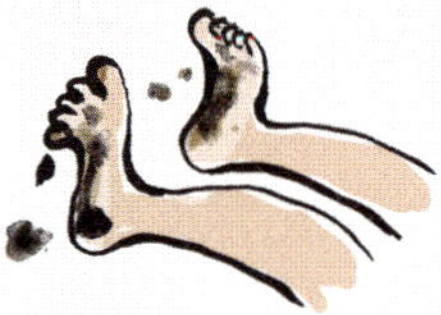

D

dreckig
Henry hat dreckige Füße.

der Dreh
Das ist ein toller Dreh. *(Trick)*

drehen
Du musst an dem blauen Knopf drehen, um die Lautstärke zu regeln.

3
drei

das Dreieck
Ein Dreieck hat drei Ecken.

30
dreißig

34

dunkel

13
dreizehn

dringend
Carl hat Zahnschmerzen. Er muss dringend zum Zahnarzt.

drinnen
Ist die Katze drinnen?

die Drogerie
In der Drogerie kaufen wir Seife und Cremes.

drohen
Es droht zu regnen.

drücken
Drück bitte auf den roten Knopf.

D

der Drucker
Der Drucker druckt unsere Urlaubsbilder.

der Dschungel
Im Dschungel leben Tiger und Papageien.

du
Was hast du gestern gemacht?

dumm
Das ist eine dumme Sache.
Das ist dumm gelaufen.
(ärgerlich, blöd)

die Dummheit
Ich soll keine Dummheiten machen, wenn ich allein zu Hause bin.
Eine Dummheit ist dummes Zeug.

dunkel
Da kommt eine dunkle Wolke.

dünn

dünn
Dieser Mann ist sehr dünn.

durch
Das Auto fährt durch den Tunnel.

der Durchgang
Da hinten ist der Durchgang zum Hof.

durchsichtig
Das Glas ist durchsichtig.

dürfen
Wir dürfen den Rasen nicht betreten. *(verboten)*
Darf ich heute länger aufbleiben? *(bitten)*

der Durst
Wer Durst hat, muss trinken.

durstig
Heute ist es sehr heiß, und Sam ist durstig.

die Dusche
Da drüben am Strand ist eine Dusche.

duschen
Lisa duscht jeden Morgen.

das Düsenflugzeug
Das Düsenflugzeug macht Krach.

die DVD
In den Ferien dürfen wir öfter mal eine DVD gucken.

der DVD-Player
Mein Computer hat keinen DVD-Player.

D

E

die Ecke

die Ecke
An der Ecke gibt es einen Kiosk.

eckig
Die Kiste ist eckig.

ehrlich
Wer ehrlich ist, der lügt nicht.
Wer lügt, der ist nicht ehrlich.

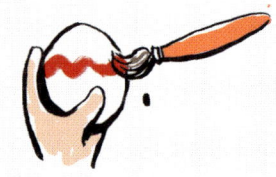

das Ei
Zu Ostern malen wir die Eier bunt an.

die Eiche
Die Eiche ist ein großer Baum.
Im Park gibt es viele Eichen.

das Eichhörnchen
Das Eichhörnchen springt von Ast zu Ast.

die Eidechse
Eidechsen haben einen langen Schwanz.

eifrig
Edda hilft eifrig dabei, den Tisch zu decken.
(fleißig)

eigen
Meine Schwester hat ein eigenes Handy.

eigentlich
Wir wollten eigentlich schwimmen, aber das Wasser ist zu kalt.

eilen
Die kleinen Enten eilen ihrer Mutter hinterher.
(sich beeilen, hetzen)

der Eimer
Das Pferd trinkt aus dem Eimer.

der Einkaufswagen

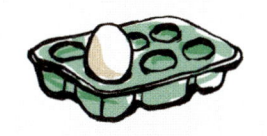

ein, einer, eine
Ich brauche nur ein Ei für den Pudding.

einander
Wenn es viel zu tun gibt, helfen wir einander. *(einer dem anderen)*

die Einbahnstraße
In der Einbahnstraße dürfen die Autos nur in eine Richtung fahren.

der Einbruch
Bei einem Einbruch wurde Geld gestohlen.

eincremen
Henry hat sich mit Sonnencreme eingecremt.

einfach
Die Aufgabe 6 x 2 ist einfach.

der Einfall
Das ist ein guter Einfall. *(eine gute Idee)*

der Eingang
Der Eingang ist mit einer Girlande geschmückt.

einige
Lisa sammelt einige Muscheln.

E

einkaufen
Die Kundin kauft ein Kilo Kirschen ein.

das Einkaufscenter
Im Einkaufscenter gibt es viele verschiedene Geschäfte.

der Einkaufswagen
Der Einkaufswagen ist voller Lebensmittel.

einladen

einladen
Susie hat sie zu ihrer Geburtstagsparty eingeladen.

die Einladung
Lisa hat eine Einladung zu einer Party.

einloggen
Wenn ich an Papas Computer gehe, muss ich mich einloggen.

einmal
Es war einmal ein kleines Mädchen, das eine rote Kappe trug.

eins

einsam
Tante Lilly fühlt sich einsam, wenn Carl weg ist. *(allein)*

Das Haus liegt ganz einsam im Wald. *(für sich)*

einschalten
Du musst den Lautsprecher einschalten, sonst hörst du nichts.

einschlafen
Mein kleiner Bruder ist am Tisch eingeschlafen.

Wenn der Mond so hell scheint, kann ich nicht einschlafen.

einsteigen
Die Kinder steigen in den Schulbus ein.

der Eintopf
Der Eintopf ist ein Essen, bei dem alles in einem Topf gekocht wird.

der Eintritt
Wer ins Kino will, muss Eintritt zahlen.

Im Schultheater ist der Eintritt frei.

einwickeln
Ich wickle das Geschenk in Geschenkpapier ein.

elf

das Eis
Ich möchte bitte drei Kugeln Eis.
Wenn Wasser gefriert, wird es zu Eis.

der Eisbär
Eisbären haben große Tatzen, die ihnen beim Schwimmen helfen.

die Eisdiele
Das Kind kauft Eis in der Eisdiele.

das Eisen
Mit einem Magneten kann man Eisen anziehen.

die Eisenbahn
Ich habe eine elektrische Eisenbahn.

eisig
Der Wind ist eisig kalt.

ekelig, eklig, ekelhaft
Mama findet Spinnen ekelig.

ekeln
Manche Leute ekeln sich vor Motten.

der Elefant
Der Elefant hat einen langen Rüssel.

E

der Elektriker, die Elektrikerin
Die Elektriker kennen sich mit Strom aus.

elektrisch
Papa hat eine elektrische Zahnbürste.

11

elf

der Elfmeter
Der Elfmeter ist ein Strafstoß.

der Ellenbogen
An meinem Ellenbogen ist ein blauer Fleck.

die Eltern
Bens und Lisas Eltern heißen Marie und Paul.

die E-Mail
Ich schreibe eine E-Mail an Tante Lilly.

empfindlich
Ich muss mich eincremen, weil meine Haut empfindlich ist.

das Ende
Das Ende des Films war lustig.
Am Ende der Stunde spielen wir ein Spiel.

endlich
Im Juli sind endlich Sommerferien.

eng
Die Jeans ist mir viel zu eng.

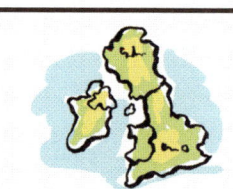

England
Kommt Frau Elling aus England?

englisch
Die englische Sprache ist nicht schwer.

der Enkel
Großvater hat drei Enkel.
Die Enkel sind die Kinder seiner Tochter.

entdecken
Wir haben ein Vogelnest entdeckt.
Im Wald kann man viel entdecken.

die Erbse

die Ente
Enten können schwimmen und fliegen.
Die Ente landet im Teich.

entfernen
Wenn du immer weitergehst, entfernst du dich.

entfernt
Afrika ist weit entfernt.

die Entfernung
Die Entfernung zur Schule beträgt einen Kilometer.

entgegen
Ich komme dir ein Stück entgegen.

enthalten
Der Rucksack enthält meine Verpflegung.

entlang
Wir gehen am Strand entlang.

entschuldigen
Carl entschuldigt sich, weil er zu spät kommt.
Wer Dummheiten macht, soll sich entschuldigen.

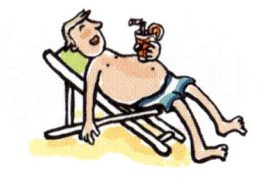

entspannen
Papa entspannt sich in der Sonne.

enttäuscht
Ich bin enttäuscht, weil ich nicht mitfahren darf.
(geknickt)

er
Das ist Tante Lillys Freund. Er ist Pilot.

die Erbse
Mit Erbsen kann man rechnen.

das Erdbeben
Wenn es ein Erdbeben gibt, bewegt sich die Erde.

die Erdbeere
Ich möchte bitte Erdbeeren mit Sahne!

die Erde
Die Erde ist unser Planet.
Der Boden wird auch Erde genannt.

das Erdgeschoss
Das Wohnzimmer ist im Erdgeschoss.

Erdkunde
In Erdkunde betrachten wir eine Landkarte.

ereignen
An der Kreuzung hat sich ein Unfall ereignet. *(ist geschehen, ist passiert)*

erfahren
Herr Schmitt ist ein erfahrener Handwerker. Er kennt sich gut aus.
Woher hast du das erfahren? *(gehört)*

das Ergebnis
Wir haben zwei Tore geschossen. Das ist ein gutes Ergebnis.

erholen
Am Meer kann man sich gut erholen. *(ausruhen)*

die Erholung
Meine Großeltern fahren zur Erholung in die Berge.

die Erkältung
Carl hat eine Erkältung.

erklären
Herr Abraham erklärt die Regeln.

44

erwachsen

erlauben
Wenn meine Eltern es erlauben, darf ich fernsehen.

die Erlaubnis
Wenn ich fernsehen will, muss ich meine Eltern um Erlaubnis bitten.

erleben
Ich möchte einmal eine Sonnenfinsternis erleben.

das Erlebnis
An das Erlebnis mit dem lustigen Affen denke ich lange zurück.

ernähren
Wenn wir essen und trinken, ernähren wir uns.

ernst
Wenn etwas wichtig ist, nimmt man es ernst.
Die Erwachsenen sagen dann: „Ich meine das ernst!"

ernten
Der Bauer erntet die Kartoffeln.

erobern
Die Piraten erobern ein Schiff. *(einnehmen, erkämpfen)*

erschrecken
In der Geisterbahn erschrecke ich mich.

erst
Ich kann erst wieder zur Schule gehen, wenn ich gesund bin. *(nicht eher)*

erwachen
Von dem lauten Knall sind wir alle erwacht. *(wach geworden)*

erwachsen
Mit 18 Jahren ist man erwachsen.

der, die Erwachsene
Karten für Erwachsene kosten fünf Euro.

erwarten
Meine Tante erwartet im Sommer ein Baby. Ich kann es kaum erwarten, bis es so weit ist.

erzählen
Bitte erzähl uns die Geschichte noch mal!

die Erzählung
In der Erzählung geht es um einen Ritter.

es
Ist es einsam auf der Insel?

der Esel
Ein Esel ist kleiner als ein Pferd und hat längere Ohren.

essen
Das Baby isst mit den Händen.

das Essen
Das Essen bei meiner Oma ist immer lecker.

das Esszimmer
Wir frühstücken im Esszimmer.

die Etage
Wir haben ein Zimmer in der dritten Etage. *(Stockwerk)*

das Etikett
Auf dem Etikett steht der Preis. *(Preisschild)*

das Etui
Ich habe auch ein Etui für meine neue Brille bekommen. *(Hülle)*

etwas
Hast du etwas Geld?
(ein bisschen, ein wenig)
Möchtest du etwas essen?

euch
Wir laden euch ganz herzlich ein, euer Tom.

euer
Schlagt bitte euer Buch auf Seite 10 auf!

die Eule
Eulen schlafen meistens tagsüber.

der Euro
Ich habe schon 20 Euro gespart.

Europa
Deutschland ist ein Staat in Europa.

das Euter
Im Euter der Kuh entsteht die Milch.

ewig
Das dauert ja ewig!
(endlos, ohne Ende)

das Experiment
Wir haben mehrere Experimente mit Luft gemacht.

die Explosion
Bei einer Explosion hat es einen Knall gegeben.

extra
Das Buch habe ich extra für dich ausgesucht.
(besonders)
Die Lebensmittel müssen extra gelagert werden.
(für sich, getrennt)

extrem
In diesem Sommer ist es extrem heiß. *(sehr, äußerst)*

F

falsch

die Fabrik
In der Fabrik werden Dinge mit der Maschine hergestellt.

das Fach
Ich mag das Fach Deutsch am liebsten. *(Lehrfach)*
Für jedes Gerät gibt es ein eigenes Fach. *(Ablage)*

der Faden
Der Faden ist viel zu kurz!

F

die Fahne
Das ist die deutsche Fahne.

fahren
Der Taxifahrer fährt uns zum Flughafen.

die Fahrkarte
Darf ich Ihre Fahrkarte sehen?

das Fahrrad
Das Fahrrad ist zu groß für Tim.

die Fahrt
Die Fahrt führt durch viele Tunnel.

das Fahrzeug
Wenn etwas fahren kann, ist es ein Fahrzeug.

fallen
Äpfel fallen vom Baum, wenn sie reif sind.

falls
Ich komme nachher vorbei, falls ich es schaffe. *(sofern)*

falsch
4 + 5 = 7. Das ist falsch!

die Familie

F

die Familie
Ben stellt seine Familie seinem Lehrer vor.

fangen
Der Torwart fängt den Ball.
„Ich fange dich!"
(packen, schnappen)

die Farbe
Die blaue Farbe mag ich am liebsten.

der Fasching
Beim Fasching werden Kostüme getragen.

fast
Weil wir im Stau standen, sind wir fast zu spät gekommen.
(beinahe)

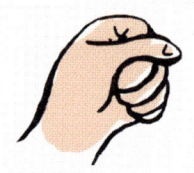

die Faust
Wenn man die Hand zusammendrückt, entsteht eine Faust.

die Faxen
Hubert macht schon wieder Faxen. *(lustiger Unsinn)*

der Februar
Der Februar ist der zweite Monat im Jahr.

der Federball
Im Sommer spielen wir gerne Federball.

der Federball-schläger
Badmintonspieler brauchen einen Federballschläger.

die Fee
In Märchen gibt es gute und böse Feen.

fegen
Papa fegt den Dreck vom Spielplatz.

fernsehen

der Fehler
Du hast zwei Fehler gemacht.

fehlerfrei
Mein Diktat ist fehlerfrei.

feiern
Am Sonntag feiern wir meinen Geburtstag.

F

fein
Wenn wir zur Hochzeit eingeladen sind, machen wir uns fein. *(hübsch)*
Das hast du fein gemacht! *(gut)*

das Feld
Der Traktor fährt auf das Feld. *(Acker)*
Du kannst drei Felder weiterrücken. *(Spielfeld)*

das Fell
Kittys Fell glänzt.

der Felsen
Ben steht auf dem Felsen.

das Fenster
Öffne bitte das Fenster!
Die Fenster sollen geschlossen bleiben.

die Ferien
In den Ferien reisen wir ans Meer.

die Ferne
In der Ferne sieht man ein Segelboot.

das Fernglas
Der Rettungsschwimmer sieht durch das Fernglas.

fernsehen
Opa sieht fern.

51

der Fernseher

F

der Fernseher
Im Fernsehen läuft eine Sportsendung.

fertig
Achtung, fertig, los! Wenn ich mit den Hausaufgaben fertig bin, besuche ich meinen Freund.

das Fest
Weihnachten und Ostern sind Feste. Eine Hochzeit ist auch ein Fest.

fett
Dieses Fleisch ist mir zu fett!

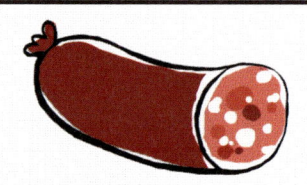

das Fett
Eine fette Wurst hat viel Fett.

feucht
Wenn es geregnet hat, ist die Luft feucht.

die Feuchtigkeit
Wenn es nass wird, spürt man Feuchtigkeit.

das Feuer
Wenn Papier angezündet wird, entsteht ein Feuer.

die Feuerwehr
Das Auto der Feuerwehr kommt um die Ecke. Pauls Vater ist bei der Feuerwehr.

das Feuerwerk
Wir begrüßen das neue Jahr mit einem Feuerwerk.

die Fichte
Die Fichte ist ein Nadelbaum.

das Fieber
Henry hat Fieber. Er muss im Bett bleiben. Wenn ich Fieber habe, wird mir ganz heiß.

fleißig

der Film
Im Kino läuft ein Film für Kinder.
Ich mag lustige Filme.

der Filzstift
Normalerweise male ich mit einem Filzstift.

finden
Ich kann meinen Stift nicht finden. *(ausfindig machen, orten)*
Ich finde das Buch langweilig. *(bewerten)*

F

der Finger
Mein Finger blutet.
Wer Klavier spielt, muss gelenkige Finger haben.

der Fisch
Der Fisch hat ein großes Maul.

flach
Die Landschaft ist vollkommen flach. *(platt, eben)*
Das Wasser ist flach. *(niedrig)*

die Flamme
Die Flamme flackert. *(Feuerflamme)*

die Flasche
Ben trinkt aus der Flasche.
Wir kaufen unsere Milch in Flaschen.

der Fleck
Da ist ein großer schwarzer Fleck auf der Decke.

das Fleisch
Im Supermarkt gibt es auch Fleisch.

der Fleiß
Oma hat mich für meinen Fleiß gelobt.

fleißig
Wenn ich viel lerne oder viel arbeite, bin ich fleißig. *(emsig, eifrig, ausdauernd)*

die Fliege

die Fliege
Die Fliege geht mir sehr auf die Nerven.

fliegen
Ich wünschte, ich könnte wie ein Vogel fliegen.

fließen
Der Fluss fließt an den Häusern vorbei.

die Flöte
Mia spielt Flöte.

der Flug
Es gehen viele Flüge nach München.

die Flügel
Der Vogel schwingt seine Flügel.
Die Flügel des Flugzeugs nennt man Tragflächen.

der Flughafen
Es gibt viele große Flugzeuge am Flughafen.

das Flugzeug
Das Flugzeug landet.

der Flur
Der Flur ist der Eingangsraum in unserem Haus.
Schulen haben lange Flure.

der Fluss
Am Fluss sitzt ein Angler.
Der Fluss tritt über die Ufer.

die Flüssigkeit
Ohne Flüssigkeit können wir nicht leben.

flüstern
Tim flüstert Mia etwas ins Ohr.

fremd

der Föhn
Mit dem Föhn trocknet man die Haare.

föhnen
Die Friseurin föhnt die Haare.

das Foto
Das Foto zeigt mich als Baby.

F

der Fotoapparat
Mama liebt ihren alten Fotoapparat.

fotografieren
Mama fotografiert gerne Vögel.

die Frage
Wer eine Frage stellt, möchte eine Antwort haben.
Fragen enden mit einem Fragezeichen.

fragen
Frau Elling fragt nach der Lösung.

die Frau
Die Frau ist eine weibliche Person.
Man redet Frauen mit „Frau" an: „Guten Tag, Frau Schmitz!"

frei
Ist der Platz noch frei? *(nicht besetzt)*
Der Eintritt ist frei. *(kostenlos, gratis)*
Heute haben wir nach der dritten Stunde frei. *(beurlaubt)*

der Freitag
Freitag ist der letzte Tag der Schulwoche.

die Freizeit
Wenn man nicht arbeiten muss, hat man Freizeit.
In der Freizeit kann man selbst bestimmen, was man tun möchte.

fremd
In der großen Stadt fühle ich mich fremd.

fressen

fressen
Menschen essen.
Tiere fressen.

die Freude
Wenn mir etwas Spaß macht, habe ich Freude daran.
Das Baby hat viel Freude in der Wanne.

freuen
Ich freue mich auf die Ferien.

der Freund, die Freundin
Susie ist Lisas beste Freundin.
Henry ist Bens bester Freund.

freundlich
Die Frau an der Kasse ist sehr freundlich. *(herzlich)*
Das Zimmer sieht hell und freundlich aus. *(sonnig, strahlend)*

der Frieden
Nach dem Streit schließen wir Frieden.
Wenn ein Krieg beendet ist, gibt es endlich Frieden.

der Friedhof
Auf dem Friedhof liegen die Toten begraben.
In großen Städten gibt es mehrere Friedhöfe.

friedlich
Wenn die Lichter ausgehen, sieht alles ganz friedlich aus. *(still)*

frieren
Ich ziehe einen Pullover an, weil ich friere.

frisch
Mama macht einen frischen Orangensaft.
Heute ist es frisch draußen. *(kühl)*
Morgens ziehe ich frische Unterwäsche an. *(ungebraucht)*

der Friseur, die Friseurin
Mama ist beim Friseur.

froh
Ich bin froh, dass mein Opa wieder gesund ist. *(erleichtert)*

fröhlich
Wenn Kinder fröhlich sind, lachen sie laut.
(gut gelaunt, heiter)

der Frosch
Der Frosch möchte die Fliegen fangen.

früh
Der Hahn kräht früh am Morgen.

F

früher
Früher gab es keine Autos.
(vor langer Zeit)

der Frühling
Im Frühling blühen die Gänseblümchen.

der Fuchs
Der Fuchs hat einen schönen buschigen Schwanz.

fühlen
Die Katze fühlt sich wohl.
Das fühlt sich weich an.

führen
Die junge Frau führt uns durch die Ausstellung.
(leiten, begleiten)

die Führung
Im Museum haben wir an einer Führung teilgenommen. *(Rundgang, Besichtigung)*

füllen
Mama füllt das Glas mit Milch.
Die Straßen sind mit Menschen gefüllt.

der Füller
Der Füller schreibt mit Tinte.
Ich habe zwei Füller.

fünf

fünfzehn

F

15
fünfzehn

50
fünfzig

für
Das Geschenk ist für dich!

---

furchtbar
Das neue Kaufhaus ist furchtbar groß. *(enorm, besonders)*
Der Film war furchtbar. *(schrecklich)*

fürchten
Mama fürchtet sich vor Spinnen.

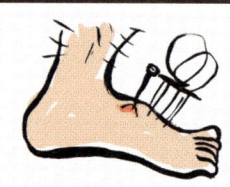

der Fuß
Eine Mücke sticht in Bens Fuß!

---

der Fußball
Fußball ist mein Lieblingssport.
Der Fußballspieler kickt den Fußball.

das Fußballspiel
Das Fußballspiel endete 3:2.

der Fußballspieler, die Fußballspielerin
Die Fußballspieler brauchen einen Fußball.

---

der Fußgänger
Das ist eine Ampel für Fußgänger.
Das Schild zeigt einen Fußgänger.

das Futter
Das Essen der Tiere nennt man Futter.
Mein Mantel hat innen ein Futter. *(Fütterung)*

füttern
Die Vögel füttern ihre Jungen.

G

die Gabel
Ich esse Pommes mit der Gabel.
Gabeln gehören zum Besteck.

gackern
Hühner gackern, wenn sie zufrieden sind.

der Gang
Im Keller haben wir einen dunklen Gang.
Der Gang zum Bäcker dauert fünf Minuten.

die Gans
Die Gans hat vier Junge.

ganz
Ich bin ganz gespannt, wie der Film ausgeht. *(sehr)*
Meine Freundin hat ganz lange Zöpfe. *(sehr)*
Der Teller ist ganz geblieben. *(heil, vollständig)*

die Garage
Das Auto steht in der Garage.

der Garten
Es gibt viele Blumen im Garten.

der Gast
Mama begrüßt die Gäste.
Der Gast ist ein Besucher, der eingeladen ist.

das Gasthaus
In einem Gasthaus kann man zu Mittag essen.

das Gebäck
Zum Gebäck gehören Kekse und Plätzchen.

das Gebäude
Das Rathaus ist ein großes Gebäude.

geben
Ich gebe meiner Mama einen Kuss. *(schenken)*
Mia gibt Lisa ein Bild. *(aushändigen)*
Meine Eltern geben morgen ein Fest. *(veranstalten)*

gegenseitig

das Gebet
In einem Gebet ruft man Gott an.
In Gebeten dankt man Gott.

das Gebirge
Das Gebirge ist eine Ansammlung von Bergen.

geboren
Ich bin im Mai geboren.
Meine Tante hat ein Kind geboren.

die Geburt
Ich habe mich über die Geburt meiner kleinen Schwester gefreut.

der Geburtstag
Opa schenkt Henry zum Geburtstag eine Spielzeugeisenbahn.

der Gedanke
Das ist ein guter Gedanke! *(Idee)*

G

das Gedicht
Ich kann das Gedicht aufsagen.
Ich lerne gerne Gedichte.

die Gefahr
Das Schild bedeutet Gefahr.

gefährlich
Die große Straße ist gefährlich für Frösche.

das Gefühl
Freude ist ein schönes Gefühl.

gegen
Henry wird gegen Keuchhusten geimpft. *(verhindert)*
Ich bin gegen Mittag zu Hause. *(ungefähr, etwa)*

gegenseitig
Wenn wir uns gegenseitig helfen, hilft einer dem anderen.

61

das Gegenteil
Das Gegenteil von groß ist klein.

gegenüber
Ben sitzt Lisa gegenüber.

geheim
Wenn ich etwas nicht weitersage, bleibt es geheim.

G

das Geheimnis
Wenn ich mit meiner Freundin ein Geheimnis habe, reden wir nicht darüber.

gehen
Wollen wir ins Kino gehen?
Das geht nicht.
(funktioniert nicht)
(ist nicht erlaubt)

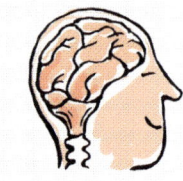

das Gehirn
Mit dem Gehirn denken wir.

gehören
Diese Bücher gehören Tim. *(besitzen)*
Da gehört viel Mut dazu. *(brauchen)*
Das gehört sich nicht! *(das tut man nicht)*

die Geige
Mama spielt Geige.

gelb
Die Zitronen sind gelb.

das Geld
Das Geld ist im Geldbeutel.
Wenn man kein Geld hat, kann man nichts kaufen.

gemein
Wer gemein ist, der ist nicht nett.
(fies, ungerecht)

das Gemüse
Kinder sollen viel Gemüse essen.

das Geschäft

gemütlich
Die grüne Couch ist gemütlich.

genau
Wenn ich etwas genau mache, ist es richtig.
Das sind genau 10 Cent, also nicht mehr und nicht weniger. *(exakt)*

genießen
Tante Lilly genießt die Sonne.

genug
Wer satt ist, hat genug gegessen. *(ausreichend)*

Geografie
Geografie ist ein anderer Name für Erdkunde.

das Gepäck
Das ist zu viel Gepäck!

der Gepard
Der Gepard ist das schnellste Landtier.

gerade
Der Zug ist gerade angekommen. *(eben, in diesem Moment)*
Das ist eine gerade Straße. *(ohne Kurven)*

das Gericht
Vor das Gericht muss jemand, der Gesetze übertreten hat.
Ein Essen wird auch Gericht genannt.

gern, gerne
Lisa spielt gerne Tennis.

der Geruch
Ich mag den Geruch von Zitronen.

das Geschäft
In dem Geschäft kann man Spielzeug kaufen.

63

das Geschenk

das Geschenk
Danke für das Geschenk!

die Geschichte
In Geschichte lernen wir etwas über die Steinzeit.

Oma erzählt mir abends oft eine Geschichte.

das Geschirr
Mit dem neuen Geschirr musst du ganz sorgfältig umgehen.

G

die Geschwister
Ich habe zwei Geschwister, einen Bruder und eine Schwester.

das Gesetz
Ein Gesetz beschreibt, wie man sich verhalten soll. Es gibt viele Gesetze.

das Gesicht
Ben malt ein Gesicht.

das Gespenst
Um Mitternacht kommt das kleine Gespenst.

gestern
Wir waren gestern im Zoo.

gesund
Gemüse ist gesund!

Ich hatte Fieber. Jetzt bin ich wieder gesund.

das Getränk
Finger weg! Wein ist ein Getränk für Erwachsene.

getrennt
Weil wir zu viel geredet haben, hat uns Frau Schmitt getrennt. *(auseinandergesetzt)*

Das Eigelb wird vom Eiweiß getrennt. *(gesondert)*

das Gewicht
Oma überprüft ihr Gewicht.

gleich

das Gewimmel
In der Vorweihnachtszeit ist auf den Straßen ein großes Gewimmel.

gewinnen
Bens Mannschaft gewinnt das Spiel.

das Gewitter
Was für ein lautes Gewitter!

gewöhnen
Nach den Ferien muss ich mich erst wieder an die Schule gewöhnen.

das Gewürz
Pfeffer und Salz sind Gewürze.

gießen
Ich gieße vorsichtig den heißen Tee in die Tasse.

G

die Giraffe
Die Giraffe hat einen langen Hals.

die Gitarre
Ben spielt am Nachmittag Gitarre.

das Glas
Ein Glas Limonade bitte!

glatt
Mia hat glatte Haare. *(gerade)*
Vorsicht! Draußen ist es glatt. *(rutschig)*

glauben
Glaubst du an Monster?
Wenn ich etwas glaube, denke ich, dass es wahr ist.

gleich
Die beiden Bilder sehen ziemlich gleich aus. *(ähnlich)*
Ich bin gleich wieder da! *(in kurzer Zeit)*

65

der Globus

der Globus
Der Globus zeigt die ganze Welt.

das Glück
Ich habe Glück, weil es mir gut geht und ich mich freue.
Ich wünsche dir viel Glück!

glücklich
Ben ist glücklich, weil er das Spiel gewonnen hat.

G

der Glückwunsch
Herzlichen Glückwunsch zum Geburtstag!
Mama hat so viele Glückwünsche bekommen.

glühen
Die Kohlen glühen auf dem Grill.

der Gott
Viele Menschen glauben, dass Gott die Erde geschaffen hat.

der Grad
Mit Grad misst man die Temperatur. Das Badewasser hat 15 Grad. Das ist zu kalt zum Baden.

das Gramm
Ich möchte bitte 500 Gramm Hackfleisch. 500 Gramm sind ein Pfund.

das Gras
Der Hase versteckt sich im Gras.

gratulieren
Wir gratulieren dir ganz herzlich zum Geburtstag.
(Glück wünschen)

grau
Opa hat graue Haare.

grinsen
Papa grinst.

die Grippe
Die Grippe ist eine Krankheit mit Fieber.

groß
„Oh, wie groß du bist!", sagt die Maus zum Elefanten.
Das Haus ist groß. *(hat viel Platz)*

die Großmutter
Ich sage zu meiner Großmutter Omi.

der Großvater
Großvater ist der Vater von meinem Papa.

grün
Die Paprikaschoten sind grün und rot.

gruselig
Der Film war ein bisschen gruselig. *(schaurig)*

der Gruß
Kannst du deiner Mutter einen Gruß ausrichten?

grüßen
Wenn ich Bekannte auf der Straße treffe, grüße ich sie.

das Gummi
Mit einem langen Gummi können wir Gummitwist spielen.

die Gurke
Wir brauchen zwei Gurken für den Salat.

der Gürtel
Papa braucht einen Gürtel.

gut
Das hast du richtig gut gemacht. *(schön)*
Im Buch kommt ein guter Zauberer vor. *(nicht böse)*
Gut, wir spielen zusammen! *(abgemacht)*

H

der Hals

das Haar
Lisa kämmt sich die Haare mit ihrer Bürste.

haben
Opa hat ein altes Fernrohr.
Wir haben bald Ferien.
Hast du dein Bett gemacht?

der Hafen
Im Hafen kann man Schiffe beobachten.

der Hagel
Der Hagel ist ein Regen mit Eistropfen.

der Hahn
Der Hahn kräht früh am Morgen.
Aus dem Hahn kommt kein Wasser.

der Hai
Schnell! Kommt raus aus dem Wasser! Da ist ein Hai!

H

der Haken
Mach bitte einen Haken in die Kästchen.
Die Jacke hängt am Haken.

halb
Das Glas ist nur halb voll.

die Halle
Zum Eislaufen gehen wir in eine große Halle.

Hallo
Hallo! Wenn man Hallo sagt, begrüßt man jemanden.

Halloween
Zu Halloween machen wir eine Kürbislaterne.

der Hals
Tim wäscht seinen Hals.

halten

halten
Halte bitte das Seil!
Wenn der Zug eingefahren ist, hält er. *(stoppen)*
Du musst dich an dein Versprechen halten! *(erfüllen)*

die Haltestelle
Wir warten an der Haltestelle auf den Bus.
Bis zur Schule gibt es drei Haltestellen.

das Halteverbot
Das Auto steht im Halteverbot.

H

der Hamster
Die Hamster gehören Tim.

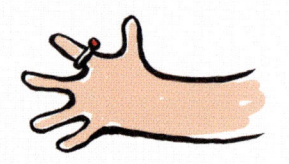

die Hand
Jede Hand hat fünf Finger.

der Handfeger
Mit dem Handfeger wird der Staub aufgefegt.

der Handschuh
Der Torwart braucht Handschuhe.

die Handtasche
In der Handtasche ist ein Spiegel.

das Handtuch
Das Handtuch ist nass.

der Handwerker
Maler, Maurer, Dachdecker nennt man Handwerker.
Johanns Vater ist Handwerker.

das Handy
Ich habe noch kein Handy.

hängen
Die Wäsche hängt an der Leine.

70

die Haut

hart
Der Keks ist zu hart!
(fest)
Das war harte Arbeit.
(schwer, anstrengend)

der Hase
Der Hase hat lange Ohren.
Hasen sieht man ganz selten.

hassen
Lisa hasst es abzuwaschen.

hastig
Papa ist heute ganz hastig losgefahren.
(eilig)

hauen
Neulich hat mich Jakob gehauen.
(geschlagen)

der Haufen
Bevor ich aufräume, packe ich alle meine Spielsachen auf einen Haufen. *(Stapel)*
Da wartet ein Haufen Menschen vor dem Kino. *(Menge)*

H

häufig
Wir gehen häufig spazieren. *(oft)*

das Haus
Das ist ein altes Haus.

die Hausaufgabe
Die Hausaufgabe ist einfach.
Wir haben nur eine Hausaufgabe in Mathe auf.
Morgen gibt es mehr Hausaufgaben.

der Hausschuh
Im Hausschuh sitzt eine Maus!

das Haustier
Hamster, Kaninchen und Mäuse sind alles nette Haustiere.

die Haut
Die Sonne bräunt deine Haut.

71

der Hebel

der Hebel
Der rote Hebel ist zum Ausschalten.
Wenn du den Hebel bewegst, geht die Maschine an.

die Hecke
In der Hecke ist ein Vogelnest.

das Heft
Wir haben vier Hefte.
Das rote Heft ist für das Fach Deutsch.

H

heimlich
Wenn ich heimlich etwas tue, soll es keiner wissen.

heiraten
Meine große Schwester will im Sommer heiraten.

heiser
Wenn ich heiser bin, spreche ich kratzig.

heiß
Der Tee ist heiß.

heißen
Tante Lillys Freund heißt Carl.

heizen
Wir heizen im Wohnzimmer mit Holz.
Wenn wir nicht heizen, ist es kalt in der Wohnung.

helfen
Lisa hilft Papa beim Kochen.
Kannst du mir bei der Aufgabe helfen?
Hilfst du mir bitte?

hell
Wenn die Sonne scheint, ist es schön hell.

das Hemd
Papa hat viele Hemden.
Zieh dir bitte ein sauberes Hemd an!

her
Komm bitte mal her!
(heran, hierher)

der Herbst
Im Herbst fallen die Blätter von den Bäumen.

der Herd
Ein Topf steht auf dem Herd.

die Herde
Vor dem Stall grast eine Herde Kühe.

herein
Kommt doch herein!

der Herr
Herr Müller schließt die Tür ab.
Der Herr trägt einen Hut.

herstellen
In der Molkerei wird Käse hergestellt.

herüber
Die Nachbarn winken herüber.

herumlaufen
Die Kinder laufen in der Pause auf dem Schulhof herum.

das Herz
Lisa macht ein Herz aus Blumen.
Das Herz pumpt das Blut durch den Körper.

herzlich
Die Gemüsefrau auf dem Markt ist sehr herzlich. *(freundlich)*

heute
Was machen wir heute?

die Hexe
Die Hexe spricht einen Zauberspruch.

hier
Hier wohnt meine Oma.

die Hilfe
Der Gehstock ist eine gute Hilfe für meine Uroma.

der Himmel
Der Himmel ist schön blau.

hin
Ich möchte da nicht hin. Ich bleibe lieber hier.

hinein
Es blitzt, wir sollten lieber hineingehen.

hinfallen
Tim fällt rücklings hin.

hinten
Der Besen steht hinten in der Ecke.

hinter
Der Kommissar läuft hinter dem Dieb her.

der Hintern
Autsch! Ich bin auf den Hintern gefallen.

hinunter
Opa geht die Treppe hinunter.

der Hirte
Hirten hüten Schafe oder Kühe.

die Höhle

die Hitze
Puh, ist das heiß! Diese Hitze ist unerträglich!

das Hobby
Mamas Hobby ist Tango tanzen.

hoch
Der Eiffelturm ist 324 Meter hoch. *(aufragend)*
Geht bitte langsam die Treppe hoch. *(nach oben)*

die Hochzeit
Ich bin zur Hochzeit meiner Tante eingeladen.

das Hockey
Magst du Eishockey oder Hockey lieber?

der Hockeyschläger
Mit dem Hockeyschläger schlägt man auf den Ball.

der Hockeyspieler, die Hockeyspielerin
Der Hockeyspieler braucht einen Hockeyschläger.

der Hof
Kannst du heute den Hof fegen?

hoffen
Ich hoffe, dass morgen die Sonne scheint. *(sich wünschen)*

hoffentlich
Hoffentlich habe ich meine Hausaufgaben dabei.

hohl
Sieh mal! Der alte Baumstamm ist vollkommen hohl.

die Höhle
Der Bär lebt in einer Höhle.

H

75

holen

H

holen
Kannst du die Post holen?

der Honig
Ich mag Toastbrot mit Honig zum Frühstück.

hopsen
Luisa hopst auf einem Bein.

hören
Ich kann Musik hören.

die Hose
Die Hose hat einen Riss am Knie.
Jungs haben immer Hosen an.

die Hosentasche
In meiner Hosentasche ist ein Loch.

das Hotel
Wir bleiben heute in einem Hotel.
Das Hotel hat drei Sterne.

hübsch
Susie hat hübsches lockiges Haar.

der Hubschrauber
Der Hubschrauber landet auf dem Krankenhaus.

der Hügel
Auf dem Hügel weiden Schafe.

das Huhn
Das Huhn hat fünf Küken.

der Hund
Sam ist Bens und Lisas Hund.

die Hütte

das Hundefutter
Sam frisst Hundefutter aus seinem Napf.

die Hundehütte
Die Hundehütte steht im Garten.

100
hundert, einhundert

der Hunger
Wenn ich Hunger habe, esse ich ein Brot.

hungrig
Das Baby schreit, weil es hungrig ist.

die Hupe
Das Auto hat eine lustige Hupe. Manche Fahrräder haben auch Hupen.

H

hupen
Kannst du mal hupen? Da steht eine Kuh auf der Straße.

hüpfen
Kannst du auf einem Bein hüpfen?

husten
Wenn du hustest, musst du die Hand vor den Mund nehmen.

der Husten
Henry hat Husten.

der Hut
Papa hat einen lustigen Hut auf.

die Hütte
In der Hütte kann man sich vor dem Regen schützen.

I J

die Information

ich
Ich bin Mia.

die Idee
Das ist eine gute Idee!

der Igel
Igel haben viele spitze Stacheln.

der Iglu
Iglus werden aus Schnee gebaut.

ihr, ihre
Mia bindet sich ihre Haare zurück.

im
Wir waren heute im Zoo. *(in dem)*

der Imbiss
Beim Imbiss an der Ecke gibt es Pommes. *(Geschäft)*
Das Sandwich ist nur ein kleiner Imbiss. *(kleine Speise)*

immer
Lisa liest immer im Bett.

impfen
Gegen Grippe kann man sich impfen lassen.

die Impfung
Ich habe ein bisschen Angst vor der Impfung.

in
Die Zahnpasta ist in der Tube. *(drin)*
Papa schüttet Wasser in den Topf. *(hinein)*

die Information
In dem Heft gibt es Informationen über Autos.

I J

informieren
Du kannst dich im Internet über Autos informieren.

der Inhalt
Der Inhalt der Flasche ist ausgekippt.

die Inlineskates
Lisa und Henry laufen gerne Inlineskates.

innen
Du musst das Fenster auch von innen putzen.

ins
Willst du mit ins Museum gehen? *(in das)*

das Insekt
Fliegen sind Insekten. Sie leben nur wenige Tage oder Wochen.

die Insel
Die Insel liegt mitten im Meer.

das Instrument
Das Mikroskop ist ein Instrument zur Vergrößerung. *(Gerät)*
Jeder spielt ein anderes Instrument. *(Musikinstrument)*

interessant
Ist das Buch interessant?

das Internet
Ben hat eine eigene Website im Internet.

irren
Wer sich irrt, ist zu einem falschen Ergebnis gekommen.

ist
Susie ist Lisas Freundin.

der Job

ja
Ja, ich bin mit der Aufgabe fertig.

die Jacke
Die Jacke hat vier Knöpfe.

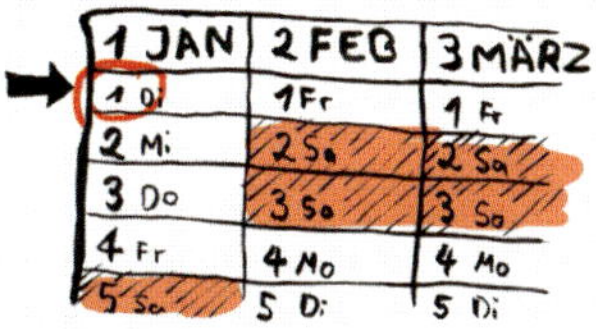

das Jahr
Das Jahr beginnt am 1. Januar.

die Jahreszeit
Das Jahr hat vier Jahreszeiten: Frühling, Sommer, Herbst und Winter.

der Januar
Im Januar schneit es oft.

jaulen
Sam jault, weil die Tür zu ist.

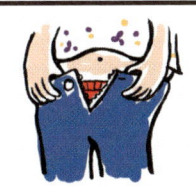

die Jeans
Diese Jeans sind zu eng!

der Jeansladen
Im Jeansladen gibt es Jeans, T-Shirts und Jacken.

jede, jeder, jedes
Jedes Kind hat ein Bild gemalt.

jemand
Klopft da jemand?

jetzt
Ich muss jetzt nach Hause gehen. Es ist schon spät. *(nun)*

der Job
Meine große Schwester hat einen Job in der Bücherei. *(Tätigkeit)*

I J

81

joggen

joggen
Mama joggt jeden Tag.

der Joghurt
Ich mag am liebsten Joghurt mit Erdbeeren.

der Jubel
Das war ein Jubel, als wir das Spiel gewonnen haben!

jubeln
Sogar die kleinen Kinder haben gejubelt. *(sich sehr freuen)*

jucken
Ich habe einen Mückenstich, das juckt!

der, die Jugendliche
Man nennt ältere Kinder Jugendliche.

der Juli
Im Juli fahren wir ans Meer.

jung
Tim ist zu jung, um zur Schule zu gehen.

der Junge
Der Junge trägt einen Ohrring.

die Jungen
Die Vögel füttern ihre Jungen.

der Juni
Im Juni beginnt der Sommer.

der Jux
Wir haben heute in der Sportstunde viel Jux gemacht. *(Spaß, Unsinn)*

K

das Kabel

das Kabel
Früher hatten alle Telefone ein Kabel.

der Käfer
Der Käfer hat sechs Beine.

der Kaffee
Der Kaffee ist für Papa!

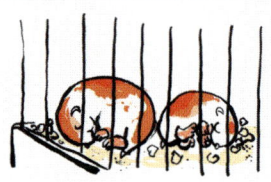

der Käfig
Die Hamster schlafen im Käfig.

der Kakao
Ich möchte einen Kakao mit Sahne.

das Kalb
Das Kalb trinkt aus dem Eimer.

der Kalender
Der Kalender hat Hunderte von Seiten.

kalt
Kalte Limonade schmeckt am besten, wenn man sie mit einem Strohhalm trinkt.

die Kälte
Die Kälte kommt durchs offene Fenster.

das Kamel
Die Kamele ziehen durch die Wüste.

der Kamm
Opa kann seinen Kamm nicht finden.

kämmen
Mit diesem Kamm kämme ich meine Haare.

der Käse

der Kanal
Der Kanal verbindet zwei Flüsse.

das Känguru
Das Känguru kommt aus Australien.

der Kapitän
Kapitäne sind Schiffsführer. Jedes große Schiff braucht einen Kapitän.

die Kappe
Ben setzt seine neue Kappe auf.

kaputt
Der Stuhl ist kaputt.

der Karneval
Im Februar feiern wir Karneval.

die Karotte
Kaninchen lieben Karotten.

die Karte
Ben und Henry spielen Karten.
Ich habe in den Ferien viele Karten geschrieben.

die Kartoffel
Der Bauer erntet die Kartoffeln.

der Karton
Das Geschenk war in einem großen Karton verpackt.

das Karussell
Ich möchte mit dem Karussell fahren!

der Käse
Der Käse hat viele, viele Löcher.

K

der Kasper

der Kasper
Der Kasper ist die lustigste Figur im Kasperletheater.

die Kasse
An der Kasse ist eine lange Schlange.
Da ist viel Geld in der Kasse.

der Kater
Der Kater schmust gerne.

die Katze
Kitty ist Mias Katze.

kauen
Lisa kaut auf ihrem Bleistift.

kaufen
Oma kauft Tomaten.

das Kaugummi
Mit Kaugummi kann man große Blasen machen.
Ich mag Kaugummis mit Pfefferminzgeschmack.

der Kegel
Wer Kegeln spielt, muss neun Kegel treffen.

kein, keiner, keine
Ich habe kein Geld mit.

der Keks
Der Keks ist so hart. Ich kann ihn nicht beißen.

der Keller
Im Keller wohnt eine Mäusefamilie.
Manche Keller sind dunkel und feucht.

der Kellner, die Kellnerin
Die Kellnerin ist sehr freundlich.

das Kinn

kennen
Kennst du das Spiel? Nein, das kenne ich nicht.

der Kern
Ich spucke den Kern aus.

die Kerze
Mama zündet eine Kerze an.

das Ketchup
Ich liebe Pommes mit Ketchup.

die Kette
Oma trägt eine Kette.
Das Fahrrad ist mit einer Kette abgeschlossen.

kicken
Ben kickt Henry den Ball zu.

das Kilo
Ich hätte bitte gerne zwei Kilo Tomaten.

der Kilometer
Ein Kilometer sind 1000 Meter.
Meine Oma wohnt 150 Kilometer entfernt.

das Kind
Das Kind möchte auf der Baustelle spielen.
Das Betreten der Baustelle ist für Kinder verboten.

K

der Kindergarten
Leo geht in den Kindergarten.

das Kinderzimmer
Das Babybett steht im Kinderzimmer.

das Kinn
Opa hat eine Nudel am Kinn.

87

das Kino

das Kino
Lisa und Susie gehen gerne ins Kino.

der Kiosk
Am Kiosk kann man Zeitschriften und Getränke kaufen.

die Kirche
Die Kirche hat zwei Glocken.

die Kirsche
Kirschen haben einen Kern in der Mitte.

das Kissen
Mit Kissen kann man es sich schön kuschelig machen.

die Kiste
In der Kiste sind alte Kleidungsstücke.

K

klar
Das Wasser ist klar und sauber. *(durchsichtig)*
Das ist eine klare Sache. *(das stimmt)*
Na klar, ich kann mitkommen! *(natürlich, selbstverständlich)*

die Klasse
In meiner Klasse sind 25 Schüler.
Mein kleiner Bruder kommt in die erste Klasse.

klatschen
Nach dem Theaterstück haben alle lange geklatscht.
Bei dem Lied klatschen wir in die Hände.

das Klavier
Oma kann sehr gut Klavier spielen.

kleben
Ich klebe das Bild ins Fotoalbum.

klebrig
Die Bonbons sind klebrig!

klopfen

der Klebstoff
Wir befestigen die Bilder mit Klebstoff.

der Klecks
Ich brauche noch einen Klecks Klebstoff!

das Kleid
Das Kleid hat rote Punkte.

der Kleiderschrank
Wer hat sich im Kleiderschrank versteckt?

die Kleidung
Papa hängt die Kleidung auf die Kleiderbügel.

klein
Tim ist kleiner als Mia. Das Haus ist klein.

klettern
Ben klettert gerne auf Bäume.

das Klima
Im Süden ist das Klima freundlicher.

die Klingel
Die Klingel ist an der Haustür.

klingeln
Wenn die Tür verschlossen ist, musst du klingeln.
Mama, dein Handy klingelt!

das Klo
Das Klo ist besetzt.

klopfen
Es klopft! Herein!

K

klug

klug
Katzen sind kluge Tiere.

knabbern
Du sollst nicht an deinen Fingernägeln knabbern!

knallen
Wenn es knallt, erschrecke ich mich immer.

knicken
Du musst das Blatt in der Mitte knicken.

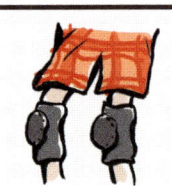

das Knie
Ben schützt seine Knie mit Knieschützern.

der Knöchel
Nasrin hat sich den Knöchel verletzt.

der Knochen
Sam trägt einen großen Knochen in seinem Maul.

der Knopf
Drücke auf den roten Knopf!
Schon wieder ist ein Knopf abgerissen.

der Koch, die Köchin
In einem großen Restaurant gibt es mehrere Köche.

kochen
Papa kocht Spaghetti mit Tomatensoße.

der Koffer
Tante Lilly packt ihren Koffer.

das Komma
Muss ich hier ein Komma machen?

das Kostüm

kommen
Warte auf mich!
Ich komme!
Ella kommt im Sommer in die vierte Klasse.
Der Tee kommt aus China.

der Kompass
Der Kompass zeigt die Himmelsrichtungen an.

der König, die Königin
Die Bienen haben eine Königin.
Der Löwe wird der König der Tiere genannt.

können
Ich kann das nicht alleine! Kannst du mir helfen?

der Kopf
Ich habe mir den Kopf gestoßen!

der Kopfhörer
Henry hört über den Kopfhörer seine Lieblingsmusik.

der Kopfsalat
Schnecken lieben Kopfsalat.

die Kopfschmerzen
Opas Kopf tut weh! Er hat Kopfschmerzen.

der Kopfsprung
Ben macht einen Kopfsprung.

K

der Körper
Oje! Mein Körper ist ganz rot!
Zum Körper gehören Kopf, Hals, Arme, Beine, Bauch und Rücken.

kosten
Was kostet das Buch?

das Kostüm
Was für ein Kostüm trägst du?

der Kot
Wer einen Hund hat, muss den Kot beseitigen.

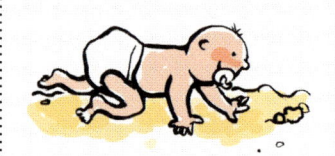

krabbeln
Das Baby krabbelt im Sand.

der Krach
Was ist denn das für ein Krach hier? Das ist viel zu laut.

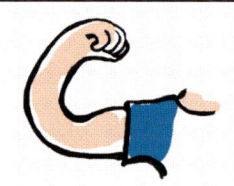

die Kraft
Ben hat ganz schön viel Kraft in den Armen.

kräftig
Wer kräftig ist, hat viel Kraft.
(stark sein)

der Kragen
Die Bluse hat einen weißen Kragen.

der Kran
An der Baustelle steht ein riesiger Kran.
Mit den Kränen werden schwere Teile transportiert.

krank
Mia ist krank. Sie hat Fieber.

das Krankenhaus
Im Krankenhaus arbeiten Ärzte und Krankenschwestern.

die Krankenschwester
Die Krankenschwester macht einen Verband.

der Krankenwagen
Tatü, tata! Hier kommt ein Krankenwagen!

kratzen
Sam kratzt an der Tür. Wenn es juckt, muss man sich kratzen.

der Küchenschrank

der Krebs
Krebse können seitwärts laufen.
Mein Sternzeichen ist Krebs.

die Kreide
Frau Elling schreibt mit Kreide.

der Kreis
Mit dem Zirkel kann man einen Kreis zeichnen.

das Kreuz
Auf dem Kirchturm ist ein Kreuz.

die Kreuzung
An der Kreuzung ist ein Unfall passiert.

kriechen
Die Schnecke kriecht ganz langsam.

der Krieg
Wenn es Krieg gibt, haben die Menschen viel Angst.

der Krimi
Ein Krimi ist eine spannende Geschichte.

das Krokodil
Das Krokodil genießt die Sonne.

K

die Küche
Die Küche ist im Erdgeschoss.

der Kuchen
Tante Lilly backt einen Kuchen.

der Küchenschrank
Opa hat einen schönen alten Küchenschrank.

die Kugel

die Kugel
Die Kugel rollt schneller als der Ball.

die Kuh
Die Kuh ist schwarz und weiß.

kühl
Im Kühlschrank bleibt die Milch kühl.
Am Abend wird es kühler.

der Kühlschrank
Die Milch steht im Kühlschrank.

das Küken
Das Küken schlüpft ganz allein aus dem Ei.
Küken sind so süß!

die Kunst
Kunst ist Mias Lieblingsfach.
Tante Lilly liebt die Kunst.

K

der Künstler, die Künstlerin
Mia möchte Künstlerin werden, wenn sie groß ist.

die Kurve
Das ist eine scharfe Kurve.

kurz
Ben hat kurze Hosen an.
Kannst du mal kurz meine Tasche halten.
Wir waren nur kurz einkaufen.

kuscheln
Ich kuschele abends gerne mit Papa.

der Kuss
Zum Abschied habe ich Oma einen Kuss gegeben.

küssen
Tante Lilly und Carl küssen sich, weil sie verliebt sind.

L

lachen

L

lachen
Ben lacht über den lustigen Film.

laden
Der LKW hat Holz geladen.

der Laden
Das ist ein Laden für Spielzeug. Können wir bitte reingehen?

das Laken
Das Laken passt gut zu meiner Bettwäsche.

die Lakritze
Ich mag am liebsten die Schlangen aus Lakritze.

das Lamm
Das Schaf hat zwei Lämmer.

die Lampe
Die Lampe ist sehr hell.

das Land
Mein Land heißt Deutschland.

landen
Das Flugzeug landet auf der Landebahn.

die Landkarte
Die Landkarte zeigt die USA.

die Landschaft
Tante Lilly malt eine Landschaft.

lang
Tim hat einen langen und schweren Stock.

Ich habe einen langen Schulweg, aber Martins Schulweg ist noch länger. *(weit entfernt)*

der Laubbaum

lange
Auf den Brief von meiner Tante habe ich lange gewartet.
Bis zu meinem Geburtstag ist es noch lange hin.

die Länge
Der Verkehr staut sich auf einer Länge von fünf Kilometern. *(Ausdehnung)*

langsam
Die Schnecke kommt langsam voran. *(nicht schnell)*
Ich habe langsam keine Lust mehr zu warten. *(mittlerweile)*

L

langweilig
Dieses Buch ist langweilig!

der Lärm
Bei dem Lärm kann ich nichts verstehen!

lassen
Lässt du mich mitspielen?
Ich lasse meine Tasche in der Schule.

die Last
Es ist erstaunlich, welche Lasten die kleinen Ameisen tragen.

lästig
Das ständige Geräusch ist lästig.

der Lastwagen
Der Lastwagen hilft beim Umzug.

die Laterne
Wir haben unsere Laternen selbst gebastelt.

das Laub
Sam tobt gerne im Laub.

der Laubbaum
Die Laubbäume verlieren im Herbst ihre Blätter.

97

laufen

laufen
Sam läuft schneller als Ben.

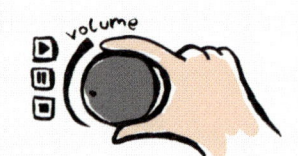

laut
Kannst du dieses Lied bitte lauter machen!

läuten
Am Sonntag läuten die Glocken.

Es läutet gleich, die Stunde ist um.

leben
Eisbären leben am Nordpol.

das Leben
Das Ende des Lebens ist der Tod.

Meine Oma hat ein interessantes Leben gehabt.

Da ist aber Leben in der Klasse. *(Trubel, Wirbel)*

die Lebensmittel
Ohne Lebensmittel können wir nicht leben.

das Leder
Leder wird aus Tierhäuten gemacht.

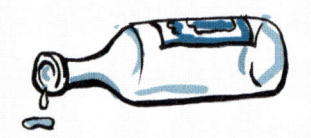

leer
Die Flasche ist leer.

legen
Hühner legen Eier.

Wenn ich mich ins Bett lege, ziehe ich die Decke über die Ohren.

der Lehrer, die Lehrerin
Herr Abraham ist unser Lehrer in Sport.

leicht
Die Mathearbeit war leicht. *(einfach)*.

Ich bin drei Kilo leichter als meine Freundin. *(weniger wiegen)*

das Leid
Wenn jemand ein Leid erlebt, ist ihm etwas Schlimmes passiert.

Im Krieg erleben die Menschen viel Leid.

das Lexikon

leiden
Die alte Dame leidet unter der Hitze.

leidtun
Es tut mir leid, dass ich dich gestoßen habe.

leihen
Kannst du mir einen Bleistift leihen?

L

leise
Sei bitte leise! Das Baby schläft!

die Leiter
Die Hühner sitzen auf der Leiter.
Wir haben zwei Leitern.

lernen
Tim lernt schwimmen.
Ich habe das Lied auswendig gelernt.

lesen
Lies bitte ganz langsam.
Welche Geschichte soll ich denn lesen?

letzte
Der letzte Bus fährt um sieben Uhr.
Letzte Woche war ich krank.

leuchten
Auf dem Land leuchten die Sterne viel heller als in der Stadt.

der Leuchtturm
Der Leuchtturm hat ein helles grünes Licht.

die Leute
Da sind viele Leute auf der Straße.

das Lexikon
Ich habe ein Lexikon über Tiere.

das Licht

das Licht
Wir müssen das Licht ausmachen! Es ist schon spät.

lieb
Ich habe meine Mama lieb.
Man kann nicht immer lieb sein.

lieben
Mia liebt ihr Kätzchen Kitty.
Was man besonders gern hat, liebt man.

der Liebling
Mein Lieblingskleid ist pink.

das Lied
Ich kann das Lied mitsingen.
Wir haben die Lieder lange geübt.

liegen
Sam liegt auf der Couch.
Liegst du schon im Bett?

der Liegestuhl
Papa ruht sich im Liegestuhl aus.

der Lift
Wir fahren mit dem Lift in den dritten Stock.
(Fahrstuhl)

lila
Mias lila Pullover kratzt.

die Limonade
Die Limonade ist schön kalt, weil Eis darin ist.

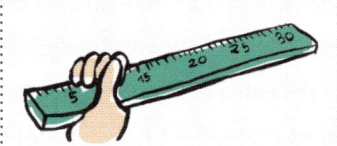

das Lineal
Das Lineal ist 30 Zentimeter lang.

die Linie
Es ist schwer, eine gerade Linie zu malen.

die Lokomotive

links
Das Schild zeigt nach links.

die Lippe
Mama malt ihre Lippen mit dem Lippenstift an.

die Liste
Mama hat auf die Liste geschrieben, was Ben für sie einkaufen soll.

L

der Liter
In der Milchflasche ist ein Liter Milch.

der Lkw
Lkw ist die Abkürzung von Lastkraftwagen.

das Lob
Wer ein Lob bekommt, hat seine Sache gut gemacht.

loben
Mama lobt mich, wenn ich ihr in der Küche helfe.

das Loch
Der Ball ist in das Loch gefallen.

die Locken
Susie hat Locken.

lockig
Susie hat lockige Haare.

der Löffel
Es ist schwer, Spaghetti mit einem Löffel zu essen.
Die Löffel gehören zum Besteck.

die Lokomotive
Die Lokomotive zieht den Zug.

101

los

los
Was ist denn bei euch los?

löschen
Ein größeres Feuer kann nur die Feuerwehr löschen.

lösen
Mein Schuhband hat sich gelöst.
Wir haben das Rätsel tatsächlich gelöst.

losfahren
Wie wollen um drei Uhr losfahren.

loslassen
Du musst die Hand loslassen.

die Lösung
Die Lösung ist das Ergebnis einer Aufgabe.

der Löwe, die Löwin
Der Löwe lebt gerne allein.
Die Löwinnen tun sich lieber zusammen.

die Luft
Der Reifen verliert Luft.
Mama holt tief Luft.

der Luftballon
Lisa bläst den Luftballon auf.

lügen
Wer dreimal lügt, dem glaubt man nicht. Das ist ein Sprichwort.

die Lust
Ich habe heute Lust auf Schwimmen.

lustig
Papa hat einen lustigen Hut auf.

M

machen
Tante Lilly macht Pfannkuchen.
Wir machen unsere Hausaufgaben in der Schule.

das Mädchen
Viele Mädchen lieben die Farbe Pink.

der Magen
Im Magen wird unser Essen verdaut.
Ich habe Hunger! Mein Magen knurrt.

M

mager
Wenn der Schinken kein Fett hat, ist er mager.

der Magnet
Magneten ziehen Dinge an, die aus Eisen sind.

mähen
Im Sommer müssen wir den Rasen mähen. Im Winter wächst kein Gras.

der Mai
Im Mai blühen die Bäume.

der Mais
Aus Mais kann man Popcorn machen.

mal
Kann ich mal dein Fahrrad haben?

malen
Wir malen viel im Kunstunterricht.

der Maler, die Malerin
Picasso war ein berühmter Maler.

man
Zum Malen braucht man einen Pinsel oder Buntstifte.

der März

manche
Manche Leute essen kein Fleisch. *(einige)*

manchmal
Opa geht manchmal in die Sauna.

die Mandarine
Mandarinen sehen aus wie kleine Apfelsinen.

der Mann
Kennst du den Mann?

der Mantel
Der Clown trägt einen langen Mantel.

das Mäppchen
Die Stifte und Bleistifte sind im Mäppchen.

M

das Märchen
Ich finde manche Märchen ein bisschen gruselig.

der Marienkäfer
Der Marienkäfer hat schwarze Punkte.

der Markt
Auf dem Markt gibt es frisches Gemüse.

die Marmelade
Die Marmelade ist aus Kirschen gemacht.

der Mars
Der Mars ist ein Planet.

der März
Im März blühen die Osterglocken.

die Maschine
Die Maschine ist sehr laut.

die Masern
Ich bin gegen Masern geimpft.

die Maske
Wir haben uns eine lustige Maske gemacht.

die Mathematik
Mathematik ist Lisas Lieblingsfach.

die Matratze
Das Bett hat eine weiche Matratze.

der Matsch
Tim spielt gern im Matsch.

die Mauer
Die Mauer ist aus Ziegelsteinen gebaut.

das Maul
Das Pferd hat eine Blume im Maul.

der Maulwurf
Der Maulwurf macht einen Maulwurfshügel.

die Maus
Da sitzt eine Maus unter dem Auto!
Die Maus von meinem Computer ist kaputt.

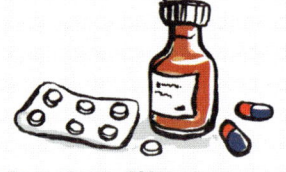

das Medikament
Medikamente kriegt man in der Apotheke.

das Meer
Wir wohnen in einem Ferienhaus am Meer.

messen

das Mehl
Wir brauchen 300 Gramm Mehl für den Kuchen.

mehr
Ich habe keine Lust mehr!
Ich möchte bitte mehr Butter.

mehrere
Katzen kriegen mehrere Junge.

die Mehrzahl
Die Mehrzahl von Baum ist Bäume.

mein, meine
Mein Bruder und meine Schwester sind meine Geschwister.

meistens
Ich gehe meistens um neun Uhr ins Bett.

melden
Wer etwas zu sagen hat, der meldet sich.

die Melodie
Das Lied hat eine schöne Melodie.

die Melone
Die Melone ist groß und saftig.

die Mensa
Lisa und Susie essen Mittag in der Mensa.

der Mensch
Da sind viele Menschen auf der Straße.

messen
Wir messen mit dem Thermometer die Temperatur.

107

das Messer

das Messer
Das Steak esse ich mit Messer und Gabel.

der Meter
100 Zentimeter sind ein Meter.

die Miete
Wer kein eigenes Haus hat, zahlt Miete.

M

mieten
Die Wohnung kannst du mieten.

das Mikrofon
Der Sänger benutzt ein Mikrofon.

die Mikrowelle
Mama wärmt die Suppe in der Mikrowelle auf.

die Milch
Die Kühe geben uns Milch.

der Millimeter
Zehn Millimeter sind ein Zentimeter.

1.000.000

die Million

mindestens
Ich muss mindestens zweimal am Tag meine Zähne putzen. *(wenigstens)*

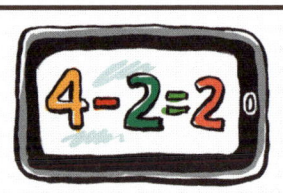

minus
4 minus 2 ist 2. *(weniger)*

die Minute
Eine Minute hat 60 Sekunden.
In dieser Minute ist der Zug eingefahren. *(eben)*

der Mist
Der Mist stinkt.

mit
Tante Lilly geht mit Carl ins Kino.
Wir fahren mit dem Zug in die Ferien.

miteinander
Wir haben miteinander Karten gespielt.
(zusammen)

das Mitleid
Wenn jemand traurig ist, habe ich Mitleid.
(fühle ich mit)

mitnehmen
Vergiss nicht, die Sonnenmilch mitzunehmen.

das Mittagessen
Zum Mittagessen gibt es Fisch.

mittags
Wir haben mittags frei.

die Mitte
Der lauteste Vogel sitzt in der Mitte.

mitten
Der Fahrradfahrer fährt mitten auf der Straße.

die Mitternacht
Um Mitternacht kommt das kleine Gespenst.

der Mittwoch
Mittwoch ist der Tag vor Donnerstag.

mixen
Ich mixe das Wasser mit Apfelsaft.

die Möbel
Die Möbel in meinem Kinderzimmer habe ich von meiner Tante geerbt.

mögen
Magst du lieber Reis oder Nudeln?
Ich mag keine sauren Gurken.

möglich
Ist es möglich, dass du heute zu mir kommst? *(kannst du)*

M

die Möglichkeit
Wir haben die Möglichkeit zu schwimmen. *(wir können)*

der Moment
Kannst du einen Moment warten?
In diesem Moment klingelt es. *(genau jetzt)*

der Monat
Das Jahr hat zwölf Monate.

der Mond
Der Mond ist hinter einer Wolke.

der Montag
Am Montag beginnt die Woche.

morgen
Wir wollen morgen ins Theater gehen.

der Morgen
Am Morgen geht die Sonne auf.

morgens
Im Winter ist es morgens lange dunkel.

das Mosaik
Das Mosaik ist ein Muster aus vielen verschiedenen Steinen.

die Moschee
In der Moschee beten die Moslems.

der Moslem
Die Eltern von Kaya sind Moslems.

der Motor
Der Motor treibt das Auto an.
Es gibt auch Fahrräder, die Motoren haben.

das Motorrad
Das Motorrad ist zu laut.

die Möwe
Die Möwe fliegt über das Meer.

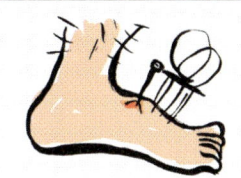

die Mücke
Die Mücke hat mich gestochen!

müde
Mia ist zu müde zum Spielen.

die Mühle
Früher wurde das Mehl in einer Mühle gemahlen.

der Müll
Der Müll wird von einem Müllauto abgeholt.

der Mülleimer
Der Mülleimer ist voll! Bitte leere ihn aus.

der Mund
Das Baby hat einen Schnuller im Mund.

die Münze
Geld besteht aus Münzen und Scheinen.
Das ist eine ganz alte Münze.

die Muschel

die Muschel
Lisa sammelt Muscheln am Strand.

das Museum
Im Museum kann man eine Mumie sehen.

die Musik
In Musik üben wir die Tonleiter.
Ich höre gerne Musik.

M

die Musikanlage
Zu einer Musikanlage gehören auch Lautsprecher.

das Müsli
Zum Frühstück gibt es Müsli.

müssen
Wir müssen warten, bis die Tür aufgeht.
Ich muss dringend auf die Toilette gehen.

das Muster
Das Tigerfell hat ein schönes Muster.

der Mut
Wenn sich jemand etwas traut, hat er Mut.

mutig
Ben ist mutig vom Einmeterbrett gesprungen.

die Mutter
Henrys Mutter ist Polizistin.

der Muttertag
Zum Muttertag male ich Mama ein schönes Bild.

die Mütze
Carl trägt eine Mütze aus Wolle.

112

N

na
Na, wie geht es dir? *(hallo)*

der Nabel
Der Nabel ist mitten auf dem Bauch.

nach
Das Schild zeigt nach links.
Nach der Schule essen wir Mittag.
Ich bin nach dir dran.

der Nachbar, die Nachbarin
Unsere Nachbarn winken herüber.

nachdenken
Ich muss darüber nachdenken.

die Nachhilfe
Wenn jemand Hilfe bei den Aufgaben braucht, nimmt er Nachhilfe.

der Nachmittag
Am Nachmittag macht Lisa Hausaufgaben.

nachmittags
Wir haben nachmittags keine Schule.

der Nachname
Der Nachname ist der Familienname.

die Nachrichten
In den Nachrichten erfährt man, was in der Welt passiert.

die Nachspeise
Meine liebste Nachspeise ist Wackelpudding.

die Nacht
In der Nacht ist es dunkel. Im Winter sind die Nächte länger als im Sommer.

naschen

nackt
Das Baby hat nackte Füße.

die Nadel
Die Nadel ist spitz. Bäume mit Nadeln heißen Nadelbäume.

der Nadelbaum
Kiefern, Tannen und Fichten sind Nadelbäume.

der Nagel
Papa schlägt mit dem Hammer auf den Nagel.

nagen
Sam nagt an dem Knochen.

nah
Das Gewitter ist ganz nahe. *(kommt bald)*
Ich wohne ganz nahe an der Kirche. *(bei)*

N

die Nähe
Ich wohne in der Nähe der Kirche.

nähen
Mama hat sich selbst ein Kleid genäht.

die Nahrung
Menschen und Tiere brauchen gesunde Nahrung.

der Name
Wie spricht man deinen Namen aus?

die Narbe
Ich habe eine kleine Narbe an der Hand.

naschen
Ich nasche ein bisschen Schokolade.

115

die Nase

die Nase
Rentier Rudolph hat eine rote Nase.

das Nashorn
Die Nashörner leben in Afrika.

nass
Meine neuen Schuhe sind nass, weil es draußen regnet.

N

die Nässe
Das Regendach schützt vor Nässe.

die Natur
Zur Natur gehören die Tiere, die Pflanzen, die Erde und das Meer.

natürlich
Der Urwald ist ein natürlicher Wald. *(nicht vom Menschen angelegt)*
Ich komme natürlich mit. *(auf jeden Fall)*

der Nebel
Bei Nebel fährt Papa vorsichtig.
Nebel ist feuchte Luft.

neben
Sam sitzt neben der Couch.
Unsere Schule steht neben dem Kindergarten.

neblig
Wenn es neblig ist, müssen die Autos langsamer fahren.

nehmen
Ben nimmt sich ein Steak vom Grill.

nein
Nein, ich komme nicht mit!

nennen
Kannst du bitte deinen Namen nennen?

nicht

nervös
Wer unruhig ist,
der ist nervös.

das Nest
Da sitzen drei kleine
Vögel im Nest.

nett
An der Kasse sitzt eine
nette Verkäuferin.

das Netz
Die Spinne wartet
in ihrem Netz.

das Netzwerk
Im Netzwerk sind alle
miteinander verbunden.

neu
Tante Lilly kauft
neue Schuhe.

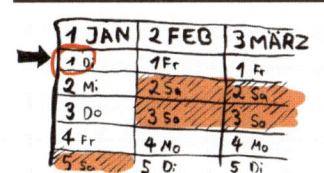

N

Neujahr
Neujahr ist der
erste Tag im Jahr.

neulich
Wir haben neulich Eis
gegessen. *(vor kurzer Zeit)*

neun

neunzehn

neunzig

nicht
Ich habe das
nicht gewusst.

117

nichts
Da ist nichts in der Kiste. Sie ist leer.

nicken
Ich nicke, wenn ich einverstanden bin. *(ich stimme zu)*

nie
Ich war noch nie in Berlin. *(zu keiner Zeit)*

N

niedlich
Kleine Küken. Wie niedlich!

niemals
Man soll niemals ohne Helm Fahrrad fahren. *(auf keinen Fall)*

niemand
Niemand wartet auf den Bus.

niesen
Herr Abraham muss niesen.

der Nikolaus
Der Nikolaus kommt am 6. Dezember.

das Nilpferd
Nilpferde sind gerne im Wasser.

noch
Ich habe meine Hausarbeiten noch nicht fertig.

Papa ist ziemlich groß, aber Onkel Albert ist noch größer.

der Norden
Der Wind kommt aus dem Norden.

der Nordpol
Der Nordpol liegt in der Arktis.

normal
Es ist normal, dass Kinder früh ins Bett gehen müssen.

die Note
Kannst du die Noten lesen?
Meine beste Note habe ich in Sport.

das Notebook
Das Notebook steht auf dem Schreibtisch.
Ein Notebook ist ein flacher Computer.

der November
Im November ist es oft neblig.

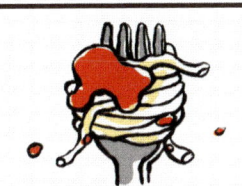

die Nudel
Nudeln esse ich am liebsten mit Tomatensoße.

die Nummer
Jedes Buch in der Bücherei hat eine Nummer.

nun
Ich gehe nun in die dritte Klasse. *(jetzt)*
Von nun an haben wir Englisch in der Schule. *(ab jetzt)*

nur
Es sind nur noch drei Tage bis zu meinem Geburtstag.

die Nuss
Das Eichhörnchen knackt die Nuss.

nutzen
Wir nutzen die Brücke, um über den Fluss zu kommen.

nützen
Es nützt nichts, wenn du dich beeilst. Der Zug ist schon weg.

nützlich
Schnur, Klebeband und Bleistifte sind alles sehr nützliche Dinge.

O

ob
Ich bin gespannt, ob ich heute Post bekommen habe.

oben
Tante Lilly wohnt oben.

das Oberteil
Eine Bluse ist ein Oberteil.

das Obst
Kinder sollten viel Obst essen.

oder
Magst du lieber Kirschen oder Himbeeren?

der Ofen
Früher wurden alle Häuser mit Öfen geheizt.

offen
Das Fenster ist offen.

öffentlich
Das ist eine öffentliche Toilette.

offline
Wenn ich offline bin, kann ich nicht ins Internet.

öffnen
Sam versucht, die Tür zu öffnen.

oft
Ich bin schon oft allein zum Einkaufen gegangen. *(viele Male)*

Oh!
Oh! Das tut mir leid!

ohne
Tim kann ohne seinen
Teddy nicht einschlafen.

das Ohr
Der Junge trägt
einen Ring am Ohr.

der Oktober
Am 31. Oktober
ist Halloween.

das Öl
Wir heizen mit Öl.

die Olive
Oliven haben
einen Kern.

die Olympiade
Es gibt alle vier Jahre
eine Olympiade.

O

die Oma
Meine Oma heißt Ruth.

der Onkel
Onkel Albert ist Mias
und Tims Vater.

online
Mama ist online,
sie ist im Internet.

der Opa
Mein Opa heißt Peter.

die Orange
Ich hätte bitte gerne
drei Orangen und zwei
Äpfel.

orange
Die Orange ist orange.

Ostern

das Orchester
Im Orchester spielen viele Musiker zusammen.

ordentlich
Der Schreibtisch sieht ordentlich aus.

der Ordner
Im Ordner sammeln wir unsere Arbeitsblätter.

die Orgel
In der Kirche gibt es eine große Orgel.

der Orkan
Der Orkan ist ein stürmischer Wind.

der Ort
Der Ort, aus dem Papa kommt, ist ein kleines Dorf.

O

der Osten
Der Wind kommt heute aus Osten.

das Osterei
Die Ostereier sind in einem Nest.

die Osterferien
Die Osterferien beginnen meistens im April.

die Osterglocken
Im Frühling blühen die gelben Osterglocken.

der Osterhase
Kleine Kinder glauben, dass der Osterhase die Eier bringt.

Ostern
Zu Ostern gehen viele Leute in die Kirche.

123

P Q

parken

paar
Lisa hat ein paar Muscheln gesammelt.
(einige)

das Paar
Ich brauche ein Paar neue Schuhe.
(zwei, die zusammengehören)

das Päckchen
Ein kleines Paket nennt man Päckchen.

packen
Bevor es losgeht, wird der Koffer gepackt.

die Packung
Ich hätte gern eine Packung Kekse.

das Paket
Das Paket ist heute angekommen.

der Papa
Papa grinst.

der Papagei
Ein Papagei kann sprechen lernen.

das Papier
Das Schiff ist aus Papier gemacht.
Kannst du mir ein Blatt Papier geben?

PQ

die Paprika
Ich habe rote und grüne Paprika gekauft.

der Park
Können wir heute in den Park gehen?

parken
Das Auto parkt im Halteverbot.

125

die Party
Zu meinem Geburtstag darf ich eine Party feiern.

der Pass
An der Grenze müssen wir unseren Pass zeigen.

passen
Das T-Shirt passt nicht.

passieren
Warum weint das Kind? Was ist passiert?
(geschehen)

die Pause
In der Pause esse ich mein Brot.

der Pfannkuchen
Ich möchte gerne Pfannkuchen mit Marmelade essen.

der Pfeffer
Kann ich bitte den Pfeffer haben?

pfeifen
Ben pfeift mit den Fingern im Mund.

das Pferd
Das Pferd hat eine schwarze Mähne.

der Pfirsich
Im Sommer schmecken die Pfirsiche schön süß.

die Pflanze
Die Pflanze muss gegossen werden.

pflanzen
Wir pflanzen Blumen im Garten.

das Pflaster
Ich brauche ein Pflaster!
Ich habe mir in den
Daumen geschnitten.

pflegen
Ich pflege die Blumen in
meinem Zimmer ganz
allein.

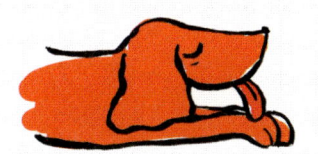

die Pfote
Sam leckt seine Pfote.

das Pfund
500 Gramm
sind ein Pfund.

die Pfütze
Tim springt in die Pfütze.

das Picknick
Morgen machen wir
ein Picknick im Park.

piksen
Die Nadel pikst.

der Pilot
Carl ist von Beruf Pilot.

der Pilz
Pilze wachsen im Wald.

PQ

der Pinguin
Pinguine leben
am Südpol.

der Pinsel
Kann ich bitte auch
einen neuen Pinsel
haben?

der Pirat
Piraten sind Seeräuber.

die Pizza
Ich möchte eine Pizza mit Salami!

das Plakat
Das ist ein Kinoplakat.

planschen
Henry planscht in der Badewanne.

plappern
Ich kann nichts verstehen, wenn ihr so viel plappert. *(schwatzen)*

das Plastik
Die Ente ist aus Plastik.

der Platz
Mein Platz ist besetzt! Auf dem Platz stehen viele Menschen.

plötzlich
Ich habe plötzlich Angst bekommen. *(in diesem Moment)*

der Po
Autsch! Ich bin auf meinen Po gefallen.

die Polizei
Bei der Polizei arbeiten Polizisten und Polizistinnen.

die Pommes
Kinder essen gerne Pommes mit Ketchup.

das Portemonnaie
Das Geld ist im Portemonnaie.

die Post
Papa bringt ein Paket zur Post. Ich bekomme gern Post.

der Postbeamte
Der Postbeamte stempelt den Brief.

die Postkarte
Die Postkarte kommt aus Venedig.

der Preis
Der Preis steht auf dem Preisschild.
Für den besten Sänger gibt es einen Preis. *(eine Auszeichnung)*

der Prinz, die Prinzessin
Der Prinz war böse. Aber wo ist die Prinzessin?

probieren
Papa probiert den Kuchen. *(testet)*

das Problem
Opa hat ein Problem, weil seine Brille kaputt ist.

produzieren
In einer Schuhfabrik werden Schuhe produziert.

das Programm
Das Programm ist der Ablauf einer Veranstaltung.
Es gibt auch Computerprogramme.

prüfen
Oma prüft ihr Gewicht.

der Pullover
Ich ziehe einen Pullover an, weil ich friere.

die Puppe
Mia wäscht ihre Puppe.

putzen
Ich putze mir zweimal am Tag die Zähne.

quaken

quaken
Im Sommer quaken die Frösche im Teich.

quälen
Wer sich sehr anstrengen muss, der quält sich.

die Qualle
Quallen sind glibberige Meerestiere.

der Quark
Ich esse Quark am liebsten mit Erdbeeren.

der Qualm
Aus dem Schornstein kommt dicker Qualm.

der Quatsch
Susie macht Quatsch mit dem Affen. *(Unsinn)*

quatschen
Wer zu viel quatscht, redet zu viel.

die Quelle
Die Quelle ist der Anfang eines Flusses.

quer
Die Stühle stehen kreuz und quer. *(durcheinander)*

quieken
Kleine Ferkel quieken.

quietschen
Kleine Kinder quietschen vor Freude.

das Quiz
Ein Quiz ist ein Ratespiel.

R

das Rad

R

das Rad
Lisa fährt mit dem Rad zur Schule.
Das Motorrad hat zwei Räder.

radieren
Das ist falsch! Das radiere ich weg.

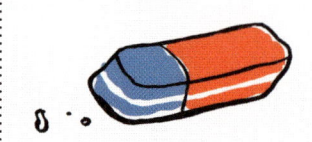

der Radiergummi
Kann ich mir bitte deinen Radiergummi leihen?

das Radio
Ich höre gerne das Kinderprogramm im Radio.

rascheln
Ein Igel raschelt im Laub.

der Rasen
Ich muss schon wieder den Rasen mähen.

raten
Huhu! Rate mal, wo ich bin.

das Rätsel
In dem Rätsel soll man Tiernamen erraten.

die Ratte
Mein Freund hat eine weiße Ratte.

rauf
Kommt mal rauf! Von hier oben hat man eine gute Aussicht.

der Raum
Der Raum ist groß genug zum Toben.

die Raupe
Aus der Raupe wird einmal ein Schmetterling.

der Regenschirm

rechnen
Ich rechne das schnell im Kopf aus.

der Rechner
Computer werden auch Rechner genannt.

die Rechnung
Auf der Rechnung steht, was wir ausgegeben haben.

R

das Rechteck
Ein Rechteck hat vier Ecken.

rechts
Das Schild zeigt nach rechts.

das Reck
Ich hänge gerne kopfüber am Reck.

reden
Kann ich mit dir reden?

das Regal
Papa baut ein Regal.

die Regel
Beim Schachspiel muss man sich an die Regeln halten.

der Regen
Der Regen tropft auf Opas Kappe.

der Regenbogen
Über unserem Haus ist ein wunderschöner Regenbogen.

der Regenschirm
Nimm den Regenschirm mit! Es wird regnen.

133

R

regnen
Es regnet schon wieder!

das Reh
Das Reh springt über den Baumstamm.

reich
Wer viel Geld hat, ist reich.
Der Tisch ist reich gedeckt. *(üppig)*

reif
Die reifen Kirschen schmecken am besten.

die Reihe
Wenn wir uns nebeneinanderstellen, entsteht eine lange Reihe.

der Reis
Mia schüttet den Reis ins kalte Wasser.

reisen
Wir reisen gerne ans Meer.

reißen
Das Papier reißt, wenn es zu dünn ist.

reiten
Viele Mädchen wollen gerne reiten.

rennen
Sam kann schnell rennen.

das Rennen
Das Rennen beginnt.

reparieren
Papa zeigt mir, wie man das repariert.

rollen

das Restaurant
In dieses Restaurant geht Mama am liebsten.

richtig
Deine Antwort ist richtig!

die Richtung
Wenn du zum Bahnhof willst, musst du in die andere Richtung gehen. *(da entlang)*

R

riechen
Das riecht gut!

riesig
Was für eine riesige Welle!

der Ring
Den Ring hat mir meine Tante geschenkt.

der Riss
Meine neue Hose hat einen Riss.

der Ritter
Der Ritter trägt eine Rüstung.

der Roboter
Manche Roboter bewegen sich wie Menschen.

der Rock
Ich mag meinen Schulrock nicht.
Der Rock der Schotten heißt „Kilt".

rodeln
Wer rodeln will, braucht einen Schlitten.

rollen
Die Kugel rollt schneller als der Ball.

rosa

rosa
Mia liebt rosa T-Shirts.

die Rose
Vor dem Haus wachsen Rosen.

rot
Wenn ich groß bin, fahre ich ein rotes Auto.

R

der Rücken
Papa hat viel im Garten gearbeitet und jetzt tut sein Rücken weh.

die Rückenschmerzen
Papa hat Rückenschmerzen.

der Rucksack
Ich trage alle meine Schulbücher in meinem Rucksack.

rufen
Rufst du mal den Hund?

die Ruhe
Wenn Papa Ruhe braucht, will er allein sein.

ruhig
Im Wald ist es schön ruhig.

rund
Die Erde ist rund und dreht sich um die eigene Achse.

die Rutsche
Die Rutsche ist auf dem Spielplatz.

rutschen
Sam rutscht die Rutsche herunter.

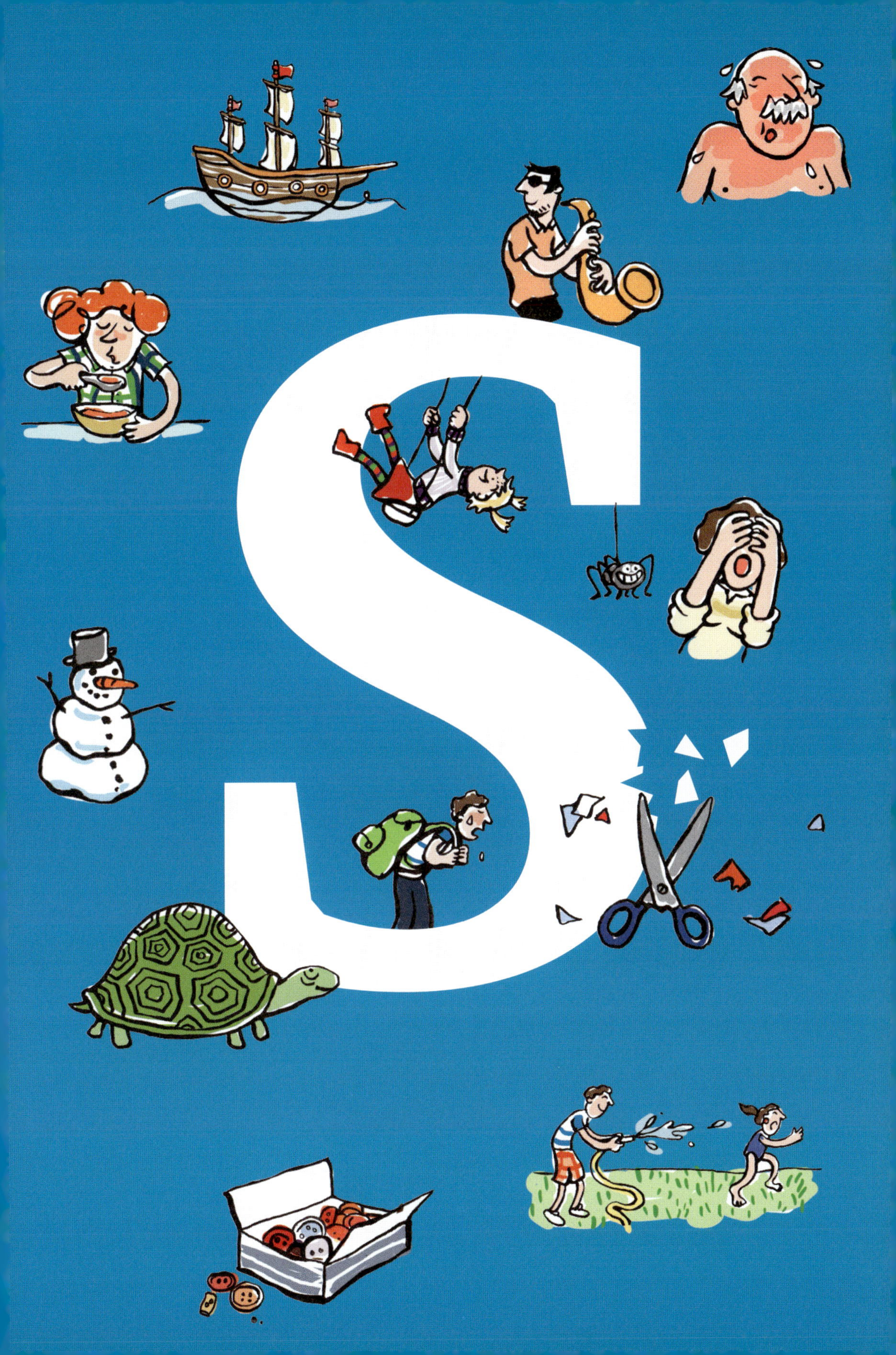
S

der Saal
Ein Saal ist ein großer Raum.

die Sache
Eine Sache kann ein Gegenstand sein. Packt eure Sachen ein!

Sachkunde
In Sachkunde untersuchen wir einen Teich.

S

der Sack
Wie viele Kartoffeln sind in dem Sack?

der Saft
Der Saft schmeckt köstlich.

sagen
Mama sagt, du sollst nach Hause kommen!

die Sahne
Die Sahne wird steif, wenn sie geschlagen wird.

der Salat
Opa macht einen Tomatensalat.

das Salz
Die Suppe schmeckt salzig, wenn zu viel Salz drin ist.

der Samen
Jede Pflanze ist aus einem Samen entstanden.

sammeln
Opa sammelt Briefmarken.
Lisa sammelt Muscheln.

die Sammlung
Er hat schon eine riesige Sammlung.

der Samstag
Am Samstag haben wir schulfrei.

der Sand
Das Baby krabbelt im Sand.

die Sandale
Im Sommer habe ich in der Schule Sandalen an.

das Sandwich
Ich möchte ein Sandwich mit Käse.

sanft
Ich gehe mit meinem kleinen Bruder ganz sanft um. *(vorsichtig, zart)*

der Sänger, die Sängerin
Sänger müssen eine gute Stimme haben.

satt
Das Essen war lecker. Jetzt bin ich aber satt.

der Satz
Der einfachste Satz besteht aus zwei Wörtern.

sauber
Das Badezimmer ist schön sauber!

saugen
Das Baby saugt an Mamas Brust.

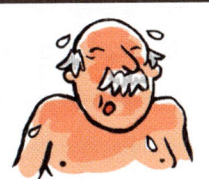

die Sauna
Opa geht gern in die Sauna.

sausen
Der Schlitten saust den Hügel herunter.

das Saxofon

das Saxofon
Carl spielt Saxofon.

die Schachtel
In der Schachtel sammelt Oma Knöpfe.

schade
Es ist schade, dass du nicht mitkommen kannst. *(tut mir leid)*

der Schaden
Bei dem Unfall ist ein Schaden entstanden.

das Schaf
Das Schaf hat zwei Lämmer.

schaffen
Das ist viel zu viel. Das können wir nicht schaffen. *(fertigbringen)*
Der Künstler hat ein Bild geschaffen. *(gestaltet)*

der Schal
Oma strickt einen langen bunten Schal.

die Schale
In der Schale ist Pudding. *(Schüssel)*
Die Orange hat eine dicke Schale. *(Haut)*

schälen
Oma schält die Kartoffeln.

schalten
Papa schaltet in den dritten Gang.

der Schalter
Der Schalter für das Licht ist neben der Tür.

scharf
Sei vorsichtig! Das Messer ist scharf. *(spitz)*
Die Suppe ist viel zu scharf. *(zu würzig)*

schieben

der Schatten
Wenn die Sonne tief steht, werden die Schatten immer länger.

die Schaufel
Mit der Schaufel kann man große Löcher graben.

die Schaukel
Mia sitzt auf der Schaukel.

S

schaukeln
Auch Lisa schaukelt gerne.

der Schauspieler, die Schauspielerin
Die Schauspielerin spielt eine Königin.
Schauspieler arbeiten am Theater oder beim Film.

scheinen
Im Sommer scheint die Sonne viel länger als im Winter.

schenken
Ich schenke Papa ein Bild.

die Scherbe
Vorsicht! Da liegen Scherben auf der Straße.

die Schere
Die Schere schneidet super!

der Scherz
Wer einen Scherz macht, bringt andere zum Lachen.

schicken
Wenn Mama zu spät kommt, schickt sie uns eine E-Mail.

schieben
Die Frau schiebt den Kinderwagen.

141

schief

schief
Das Bild hängt schief.

schießen
Ben schießt den Ball ins Tor.

das Schiff
Das Schiff heißt „Seemöwe".

das Schild
Auf dem Schild steht „Baden verboten".

die Schildkröte
Schildkröten haben kurze Beine.

der Schimpanse
Schimpansen sind sehr kluge Tiere.

schimpfen
Wenn ich heute zu spät komme, wird Papa schimpfen.

der Schinken
Ich möchte ein Sandwich mit Schinken, bitte!

der Schirm
Mit einem Schirm kann man sich vor Regen und vor Sonne schützen.

der Schlafanzug
Papa hat seinen Schlafanzug an.

schlafen
Es macht Spaß, im Zelt zu schlafen.

schlaff
Der kaputte Luftballon ist ganz schlaff.

der Schlittschuh

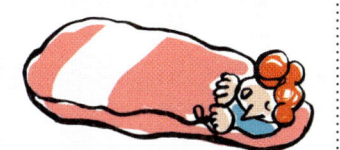

der Schlafsack
Ich schlafe heute im Schlafsack.

das Schlafzimmer
Der Hund darf nicht ins Schlafzimmer!

schlagen
Papa schlägt mit dem Hammer einen Nagel in die Wand.

Der Tennisspieler schlägt den Ball ins Aus.

die Schlange
Die Schlange hat eine lange Zunge. *(Tier)*

Die Passagiere stehen Schlange am Check-in-Schalter. *(lange Reihe)*

schlank
Wer nicht dick ist, ist schlank.

schlau
Affen sind schlaue Tiere.

S

schlecht
Wer schlechte Karten hat, verliert das Spiel.

Die Idee ist nicht schlecht.

die Schleife
Dein Schuh ist auf. Du musst die Schleife binden.

schließen
Herr Miller schließt die Tür.

schlimm
Das hat nur ein bisschen wehgetan. Es war nicht so schlimm. *(hart)*

der Schlitten
Mia rast auf ihrem Schlitten den Hügel hinunter.

der Schlittschuh
Schlittschuhe haben Kufen.

Schlittschuh laufen macht Spaß!

143

das Schloss

das Schloss
Das Schloss steht auf einem Hügel.
Die Tür hat ein uraltes Schloss.

der Schluss
Der Schluss ist das Ende.
Zum Schluss gibt es Eis.

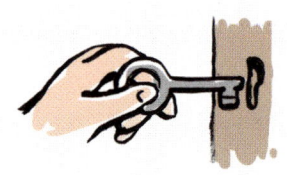

der Schlüssel
Das ist mein Haustürschlüssel.

S

schmal
Ein schmaler Weg ist eng.

schmecken
Mmmh. Das schmeckt köstlich.

der Schmerz
Der Schmerz war nur kurz.

schmerzen
Aua, das schmerzt! *(tut weh)*

der Schmetterling
Der schöne Schmetterling ist blau und rot.

schminken
Ich schminke mir ein Katzengesicht.

schmücken
Mama schmückt den Tisch.

der Schmutz
Wer mit dreckigen Schuhen ins Haus geht, bringt viel Schmutz mit.

schmutzig
Henry hat schmutzige Füße.

die Schokolade

der Schnabel
Der Specht hat einen spitzen Schnabel.

die Schnecke
Die Schnecke kommt ganz langsam voran.

der Schnee
Der Schnee ist so weiß, dass es blendet.

der Schneeball
Die Kinder werfen Schneebälle.

die Schneeflocke
Tim hat Schneeflocken im Haar.

der Schneemann
Der Schneemann hat eine Möhrennase.

S

schneiden
Der Friseur schneidet Tim die Haare.
Ich schneide mir eine Scheibe Brot ab.

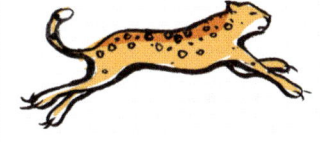

schneien
Es schneit!

schnell
Der Gepard ist das schnellste Landtier.

die Schnur
An der Schnur hängen Perlen.

der Schnurrbart
Der Kellner hat einen Schnurrbart.

die Schokolade
Wie viele Tafeln Schokolade kannst du sehen?

145

schon

schon
Ich bin schon groß genug! *(längst)*
Habt ihr schon eure Hausaufgaben fertig? *(bereits)*

schön
Das ist ein schönes Lied! *(angenehm)*
Es ist schön, wenn wir zusammen spielen. *(gut)*
Morgen gibt es schönes Wetter. *(heiter, sonnig)*

der Schornstein
Der Weihnachtsmann kommt durch den Schornstein und bringt den Kindern Geschenke.

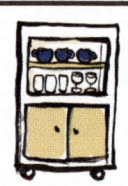

der Schrank
Die Tassen sind im Schrank.

die Schranke
Vor der Schranke müssen wir anhalten.

der Schreck
Als der Hund loslief, habe ich einen Schreck gekriegt.

schrecklich
Das hat schrecklich lange gedauert. *(viel zu lange)*
Das ist eine schreckliche Geschichte. *(keine gute)*

schreiben
Lisa schreibt eine E-Mail.

der Schreibtisch
Das Notebook steht auf dem Schreibtisch.

schreien
Das Baby schreit, weil es seinen Schnuller verloren hat.

die Schrift
Meine Schrift ist nicht besonders schön.

der Schuh
Opa putzt seine Schuhe.

schwarz

das Schuhgeschäft
Tante Lilly ist im Schuhgeschäft.

die Schule
In der Schule stehen wir am Anfang der Stunde auf.

der Schüler, die Schülerin
In England tragen Schüler eine Schuluniform.

der Schulhof
Auf dem Schulhof können wir Tischtennis spielen.

die Schulklasse
Wir haben mehrere Computer in unserer Schulklasse.
In Bens Schulklasse sind 24 Kinder.

die Schultasche
Manche Kinder haben Rucksäcke statt Schultaschen.

die Schulter
Das Baby sitzt auf Papas Schultern.

schummeln
Karl schummelt öfter beim Spielen.

schützen
Der Fahrradhelm schützt den Kopf.

der Schwamm
Tim wäscht sein Gesicht mit dem Schwamm.

der Schwan
Schwäne haben einen langen Hals.

schwarz
Die Katze ist schwarz.

S

147

schwatzen

schwatzen
Lisa und Susie schwatzen gerne in der Schule.

schweigen
Wer schweigt, der sagt nichts.

das Schwein
Mein Glücksbringer ist ein kleines goldenes Schwein.

schwer
Bens Schulranzen ist viel zu schwer! *(zu viel Gewicht)*
Die Aufgabe 192:12 ist schwer. *(kompliziert)*

das Schwert
Tims Schwert ist aus Holz.

die Schwester
Mia ist Tims Schwester.

schwierig
Das ist keine schwierige Matheaufgabe.

das Schwimmbad
Im Schwimmbad gibt es ein Babybecken.

schwimmen
Tim lernt schwimmen.

die Schwimmflügel
Tim trägt Schwimmflügel.

schwitzen
Wir schwitzen, weil es so heiß ist.

6 sechs

148

die Sekunde

16
sechzehn

60
sechzig

der See
In diesem See darf man nicht baden.

S

der Seestern
Seesterne haben fünf Arme.

das Segel
Wenn der Wind in das Segel bläst, treibt er das Boot an.

sehen
Kannst du mich sehen? Wer schlecht sehen kann, braucht eine Brille.

sehr
Ich freue mich sehr auf die Ferien. *(besonders)*

die Seife
Die Seife duftet nach Vanille.

das Seil
Das ist ein Seil zum Seilspringen.

seit
Ben spielt seit zwei Jahren Gitarre.

die Seite
Schlagt bitte Seite 10 auf! *(Buchseite)*
Ich gehe an der Seite meiner Freundin. *(neben)*

die Sekunde
Eine Sekunde ist ein kurzer Moment.

149

selbst

selbst
Die Blumen habe ich selbst gepflückt. *(ganz allein)*

selten
Meine Tante kommt selten zu Besuch. *(nicht oft)*

seltsam
Die Kräuter riechen seltsam. *(ungewöhnlich, auffällig)*

S

der September
Im September beginnt der Herbst.

der Sessel
Oma sitzt im Sessel.

setzen
Der Hund setzt sich vor die Tür.

Ich setze die Tasse auf das Tablett.

das Shampoo
Das Shampoo riecht nach Pfirsich.

sich
Papa und Onkel Albert streiten sich. *(miteinander)*

Mia hat sich ein Eis gekauft. *(sich selbst)*

sicher
An der Ampel kommt man sicher über die Straße. *(geschützt)*

Bist du sicher, dass der Weg richtig ist? *(überzeugt)*

die Sicht
Wenn es nebelig ist, haben wir schlechte Sicht.

sieben
7

siebzehn
17

der Soldat

70
siebzig

Silvester
Am 31. Dezember feiern wir Silvester.

singen
Papa singt in der Dusche.

sitzen
Das Baby sitzt auf dem Kinderstuhl.

der Ski
Lisa kann nicht gut Ski laufen.

die Skizze
Die Skizze ist ein Entwurf.

S

das Snowboard
Die Snowboarderin braucht ein Snowboard.

so
Ich habe so viel gegessen.

die Socke
Da ist ein Loch in meiner Socke!

das Sofa
Sam liegt schon wieder auf dem Sofa!

der Sohn
Papa ist Opas Sohn.

der Soldat
Soldaten tragen eine Uniform.

sollen
Wir sollen pünktlich am Zug sein.

der Sommer
Endlich ist es Sommer! Wir haben Ferien!

sonderbar
Der Sänger singt ganz sonderbar. Was ist das für eine Musik?

S

sondern
Ich möchte keine Milch trinken, sondern lieber Apfelsaft.

die Sonne
Guten Morgen! Die Sonne geht auf.

die Sonnenblume
Sonnenblumen sind groß und gelb.

die Sonnenbrille
Mama hat eine coole Sonnenbrille auf.

die Sonnencreme
Benutzt Carl die Sonnencreme?

der Sonnenhut
Mama trägt gerne Sonnenhüte.

der Sonnenschein
Bei Sonnenschein macht alles mehr Spaß.

sonnig
Wir hatten in den Ferien viele sonnige Tage.

der Sonntag
Sonntag ist ein freier Tag für viele Menschen.

152

die Speise

sonst
Was hast du denn sonst noch bekommen? *(außerdem)*

sortieren
Wir sortieren die Wäsche vor dem Waschen.

die Spaghetti
Ich esse Spaghetti am liebsten mit Tomatensoße.

spannend
Das war ein spannendes Spiel! *(aufregend)*

sparen
Ich spare Geld für ein Computerspiel.

der Spaß
Tim hat viel Spaß im Wasser.

Spaß machen
Es macht Spaß, im Zelt zu schlafen.

spät
Entschuldigung. Ich bin ein bisschen zu spät. Wie spät ist es?

spazieren gehen
Lisa geht mit Sam spazieren.

der Spaziergang
Lisa macht einen Spaziergang mit Sam.

der Specht
Der Specht braucht einen starken Schnabel.

die Speise
Diese Speisen kommen aus Indien.

die Speisekarte
Gibt es auch Kindergerichte auf der Speisekarte?

der Spiegel
Der Spiegel hat einen Sprung!

spiegeln
Du kannst dich in der Pfütze spiegeln.

S

das Spiel
Das ist ein Spiel für vier Spieler.

spielen
Die Katze spielt gerne mit Wolle.
Ben spielt Basketball.
Mia spielt Flöte.
Das Baby spielt im Sand.

der Spieler, die Spielerin
Ein Fußballteam hat elf Spieler.

der Spielplatz
Das ist ein Spielplatz für kleine Kinder.

die Spielsachen
Ich habe meine alten Spielsachen in einer großen Kiste.

der Spielzeugladen
Im Spielzeugladen gibt es Teddybären.

die Spinne
Mama fürchtet sich vor Spinnen.

das Spinnennetz
Die Spinne webt ein Spinnennetz.

spitz
Der Bleistift muss ganz spitz sein.

das Spülmittel

die Spitze
Auf der Spitze des Kirchturms ist ein Kreuz.

der Sport
Fußball ist ein großartiger Sport.
Sport ist mein Lieblingsfach.

das Sportgerät
Für manche Sportarten braucht man Sportgeräte.

der Sportplatz
Auf dem Sportplatz steht ein Fußballtor.

die Sprache
Welche Sprachen sprichst du?

sprechen
Kannst du bitte langsam sprechen?

springen
Tim springt in die Pfütze.

die Spritze
Ich habe eine Spritze gegen Keuchhusten bekommen.

spritzen
Wir spritzen uns mit dem Gartenschlauch nass.

der Spruch
Das ist ein cooler Spruch.

spuken
In alten Schlössern spuken die Geister.

das Spülmittel
Ich mache aus Spülmittel Seifenblasen.

der Stab

der Stab
Stäbe sind schmale Stöcke.

der Stachel
Der Igel hat spitze Stacheln.

die Stadt
In unserer Stadt gibt es einen Bahnhof.

S

der Stall
Die Kühe werden abends in den Stall gebracht.

der Stand
An dem Stand kann man Gemüse kaufen.

der Star
Die Stare fliegen im Herbst in den Süden.
Stars sind berühmte Leute.

stark
Wer stark ist, hat viel Kraft.

stärken
Nach dem Wettlauf stärken wir uns mit Obst.

der Staub
Der Staub ist so dick, dass man darin malen kann.

stehen
Der Torwart steht im Fußballtor.
Was steht da auf dem Schild?
Ich stehe auf Eis. *(mag es)*

steil
Die Kellertreppe ist steil.

der Stein
Der Stein hat ein Loch in der Mitte.

156

stimmen

stellen
Papa stellt den Topf auf den Herd.
Ich stelle jeden Abend meinen Wecker.
(einstellen)

der Stempel
Der Brief braucht einen Stempel.

stempeln
Der Postbote stempelt den Brief.

der Stern
Der hellste Stern ist die Venus.

das Steuer
Mama sitzt am Steuer.

steuern
Das Boot steuert im Hafen auf seinen Liegeplatz zu.

der Stiefel
Plitsch, platsch! Ich mag es, mit meinen Stiefeln in Pfützen zu springen.

der Stiel
Beim Essen hält man den Löffel am Stiel.

der Stift
Die Stifte sind im Mäppchen.

still
Es ist so still hier. Ist keiner da?

die Stimme
Lisa hat eine schöne Stimme.

stimmen
Das stimmt!
(das ist richtig)
Der Musiker stimmt sein Instrument.

157

die Stirn

die Stirn
Ich male mir einen Punkt auf die Stirn.

der Stock
Mein Uropa geht mit dem Stock spazieren.

Die Wohnung liegt im dritten Stock. (Stockwerk)

der Stoff
Der seidige Stoff glänzt sehr schön.

S

stolpern
Ich bin über einen Stein gestolpert.

stoppen
Die Polizei stoppt das Auto.

der Storch
Der Storch hat rote Beine.

die Strafe
Wenn Diebe gefasst werden, bekommen sie eine Strafe.

der Strand
Am Strand stehen Palmen.

die Straße
Der Lkw parkt mitten auf der Straße.

der Strauch
Die Himbeeren wachsen an Sträuchern.

der Strauß
Ich habe einen Strauß Blumen gepflückt.

Strauße sind große Vögel, die nicht fliegen können.

die Strecke
Wir laufen die Strecke zweimal.

der Stundenplan

der Streit
Wenn zwei sich nicht einig sind, entsteht ein Streit.

streiten
Ich streite mich öfter mit meiner Schwester.

der Strich
Ein Strich ist eine gerade Linie.

der Strom
Papas elektrische Zahnbürste braucht Strom.

der Strumpf
Die Strümpfe hängen am Kamin.

die Strumpfhose
Diese Strumpfhose ist zu klein!

S

das Stück
Darf ich ein Stück Schokolade nehmen? Wir teilen den Kuchen in zwölf Stücke.

die Stufe
Die Treppe hat zwölf Stufen.

der Stuhl
Setz dich nicht auf den Stuhl. Er ist kaputt!

stumpf
Stumpfe Messer schneiden nicht gut.

die Stunde
Eine Stunde hat 60 Minuten.

der Stundenplan
Das ist Bens Stundenplan.

159

der Sturm

der Sturm
Der Sturm biegt die Bäume.

stürmisch
Es ist so stürmisch, dass sich die Bäume biegen.

suchen
Opa sucht schon wieder nach seiner Brille.

S

der Süden
Italien liegt im Süden.

Der Südpol
Pinguine leben am Südpol.
Der Südpol liegt in der Antarktis.

der Supermarkt
Vor dem Supermarkt gibt es einen Parkplatz.

die Suppe
Die Suppe ist zu heiß!

das Surfbrett
Susies Surfbrett war ein Geschenk von ihrem Onkel.

surfen
Auf den Wellen zu surfen macht großen Spaß!

süß
Cola ist süß, weil sie viel Zucker enthält.

die Süßigkeiten
Ich soll nicht so viele Süßigkeiten essen.

die Synagoge
In der Synagoge feiern die Juden ihren Gottesdienst.

T

der Tablet-PC

der Tablet-PC
Ein Tablet-PC hat einen Bildschirm, der auf Berührungen reagiert.

das Tablett
Ein Tablett ist ein Helfer im Haushalt.

die Tablette
Tabletten sind kleine Pillen.

die Tafel
Frau Elling steht neben der Tafel.

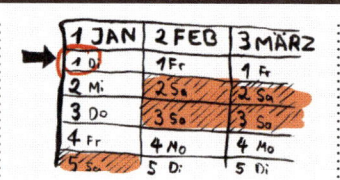

der Tag
Der 1. Januar ist der erste Tag im Jahr.
Ein Jahr hat 365 Tage.

das Tagebuch
Mein Tagebuch hat einen Schlüssel.

die Tageszeit
Morgen, Mittag, Nachmittag und Abend sind Tageszeiten.

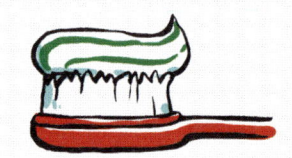

täglich
Ich putze täglich zweimal meine Zähne.

tanken
Das Auto tankt Benzin.

die Tankstelle
Das schwarze Auto steht an der Tankstelle.

die Tanne
Die Tanne ist ein Nadelbaum.

die Tante
Tante Lilly ist Mamas Schwester.

die Technik

tanzen
Wir tanzen gern zu Popmusik.

die Tapete
Tapeten verkleiden die Wände.

die Tasche
Hey! Der Dieb klaut die Tasche!

die Tasse
Oma trinkt eine Tasse Tee.

die Tastatur
Ich kann wirklich schnell auf der Tastatur schreiben.

die Taste
Du musst auf die rote Taste drücken!

T

die Tatze
Raubtiere haben Tatzen.

die Taube
In den Städten gibt es viele Tauben.

tauchen
Opa mag es, im Meer zu tauchen.

die Taucherbrille
Opa taucht mit der Taucherbrille.

das Taxi
Das Taxi wartet am Bahnhof.

die Technik
Er hat eine gute Technik beim Fußball. *(er beherrscht es)*
Heute gibt es viel mehr Technik als vor 100 Jahren. *(Mechanik)*

163

der Teddy

der Teddy
Der Teddy hat einen Knopf im Ohr.

der Tee
Morgens trinke ich gerne Tee.

der Teich
Im Teich quaken die Frösche.

der Teil
Der Bikini besteht aus zwei Teilen.

teilen
Wir teilen die Schokolade in drei Teile.

das Telefon
Das Telefon klingelt!

die Telefonnummer
Ich kann meine Telefonnummer auswendig.

der Teller
Auf dem Tisch stehen vier Teller.

die Temperatur
Die Temperatur gibt an, wie warm es ist.

das Tempo
Das Tempo ist die Geschwindigkeit.
Wer ein hohes Tempo fährt, ist schnell.

das Tennis
Lisa spielt gerne Tennis.

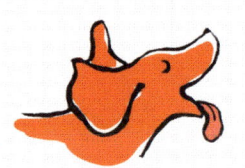

der Tennisball
Sam rennt immer mit dem Tennisball weg.

die Tierhandlung

der Tennis-schläger
Tennisspieler brauchen einen Tennisschläger.

der Teppich
Sam liegt auf dem Teppich.

der Test
Eine kleine Prüfung nennt man Test.

teuer
Der Rubinring ist sehr teuer.

der Text
Ein Text ist geschriebene Sprache.

das Theater
Im Theater geht der Vorhang auf.

T

das Thermometer
Das Thermometer zeigt die Temperatur an.

tief
Der Brunnen ist sehr tief.

die Tiefe
Was in die Tiefe geht, führt nach unten.

das Tier
Im Zoo sind viele, viele Tiere.

der Tierarzt, die Tierärztin
Der Tierarzt verbindet Sams Pfote.

die Tierhandlung
Das ist der Eingang einer Tierhandlung.

165

der Tiger

der Tiger
Der Tiger ist eine große gestreifte Katze.

der Tisch
Der Tisch hat nur drei Beine.

der Toast
Der Toast springt aus dem Toaster.

die Tochter
Mama ist Omas Tochter.

die Toilette
Wo finde ich die Toilette?

das Toiletten-papier
Das Baby spielt mit dem Toilettenpapier.

toll
Ihr habt alle wirklich gut gespielt! Das war toll!

die Tomate
Oma macht eine Suppe aus Tomaten.

der Ton
Hörst du den Ton?

die Tonleiter
Kannst du die Tonleiter spielen?

die Tonne
In der Tonne wird das Regenwasser gesammelt.

der Topf
Was ist da in dem Topf?

die Treppe

das Tor
Das Tor ist verschlossen. *(Hoftor)*
Wir haben drei Tore geschossen. *(Fußball, Handball)*

der Torwart
Der Torwart fängt den Ball.

tot
Mein Großvater ist schon lange tot. *(nicht mehr am Leben)*

tragen
Papa trägt die Einkaufstasche.
Ich trage jeden Tag ein anderes T-Shirt. *(anhaben)*

der Traktor
Der Bauer fährt mit dem Traktor auf das Feld.

die Träne
Wenn ich weine, laufen mir Tränen aus den Augen.

die Traube
Es gibt grüne und rote Trauben.

der Traum
Ich habe einen schönen Traum gehabt.

träumen
Ben träumt von neuen Turnschuhen.

traurig
Als unser alter Kater starb, war ich sehr traurig.

treffen
Wir treffen uns am Brunnen.
Henry trifft mitten ins Tor.

die Treppe
Die Treppe hat zwölf Stufen.

treu

treu
Sam ist ein treuer Hund. *(anhänglich)*

der Trick
Kannst du mir den Trick verraten?

das Trikot
Das ist das Trikot von unserer Mannschaft.

trinken
Kinder sollen viel Wasser trinken.

trocken
Die Kleider sind trocken.

trocknen
Lisa trocknet die Haare mit dem Föhn.

die Trommel
Tim schlägt die Trommel.

die Trompete
Papa spielt Trompete.

trotzdem
Es regnet, aber wir wollen trotzdem draußen spielen.

Tschüs!
Tschüs! Bis morgen!

das T-Shirt
Mia liebt rosa T-Shirts.

die Tube
Ich drücke die Zahnpasta aus der Tube.

die Tüte

das Tuch
Das Tuch hat blaue Tupfen.

die Tulpe
Tulpen sind Frühlingsblumen.

tun
Wenn du das tust, musst du gut aufpassen. *(machen)*
Das tut gut! *(gefällt mir)*

der Tunnel
Die Autos fahren durch den Tunnel.

die Tür
Herr Kaiser klingelt an der Tür.

der Turm
Tim baut einen Turm.

turnen
Im Winter turnen wir in der Turnhalle.

der Turner, die Turnerin
Der Turner turnt am Reck.

die Turnhalle
Wir machen in der Turnhalle Sport.

tuschen
Mia tuscht mit dem Pinsel.

der Tuschkasten
Ben braucht den Tuschkasten im Kunstunterricht.

die Tüte
Ich habe mir eine Tüte Mandeln gekauft.

T

169

U

überraschen

die U-Bahn
Die U-Bahn fährt unter der Erde.

übel
Ich habe so viel Schokolade gegessen. Mir ist übel. *(schlecht)*

üben
Um gut Klavier zu spielen, muss man viel üben.

über
Pass auf! Da ist eine Spinne über deinem Kopf!
Tim läuft über die Straße.

überall
Überall sind Mücken!

übereinander
Wir haben die Kissen übereinander gestapelt.

U

überholen
Papa überholt das Motorrad.

überlegen
Ich überlege, ob ich mir das Comicheft kaufen soll. *(denke darüber nach)*

übermorgen
Wenn wir morgen fleißig sind, dürfen wir übermorgen ins Kino.

übernachten
Ben übernachtet gern im Zelt.

überqueren
Tim überquert die Straße.

überraschen
Mama hat mich mit einem Eis überrascht.

171

die Überschrift
Die Überschrift ist fett gedruckt.

übrig
Wenn ich alle Chips esse, bleiben keine für Carl übrig.
Lasst ihr mir etwas von der Suppe übrig?

die Uhr
Die Uhr zeigt 6:30.

die Uhrzeit
Welche Uhrzeit haben wir? *(Wie spät ist es?)*

um
Ich soll um 13 Uhr zu Hause sein. *(gegen)*
Ich binde mir mein neues Armband um. *(um den Arm herum)*

umarmen
Mama umarmt Tim, weil sie ihn lieb hat.

U

umdrehen
Bei diesem Spiel darfst du dich nicht umdrehen. Sieh nach vorn! Dreh dich nicht um!

umkehren
Wer in die falsche Richtung fährt, muss umkehren.

umkleiden
Die Mädchen kleiden sich nach der Schule um.

der Umkleideraum
Im Umkleideraum ziehen wir die Sportsachen an.

umtauschen
Wenn dir die Bluse nicht gefällt, kannst du sie umtauschen.

die Umwelt
Zur Umwelt gehört alles, was um uns herum lebt.

der Unsinn

der Umzug
Wer in eine neue Wohnung zieht, muss einen Umzug machen.

der Unfall
Es hat an der Kreuzung einen Unfall gegeben.

unfreundlich
Wer unfreundlich ist, wird auch unfreundlich behandelt.

ungefähr
Ich brauche für die Rechenaufgaben ungefähr zehn Minuten. *(etwa)*

ungern
Ich komme ungern zu spät in die Schule.

ungesund
Zu viele Süßigkeiten sind ungesund.

U

unglücklich
Als ich Mama nicht finden konnte, war ich unglücklich.

unheimlich
Große dunkle Schatten sind mir unheimlich.

unordentlich
Mama schimpft, weil ich unordentlich bin.

die Unordnung
Was für eine Unordnung!

unser
Unser Hund heißt Sam.

der Unsinn
Kinder machen gerne mal Unsinn. *(Quatsch)*

173

unter

unter
Die Katze liegt unter dem Tisch.
Wir können uns unter dem Dach verstecken.

die Unterhose
Die Unterhose hat Streifen.

der Unterricht
Wenn es klingelt, beginnt der Unterricht.

unterrichten
Frau Elling unterrichtet Mathe und Deutsch.

die Unterrichtsstunde
In der ersten Unterrichtsstunde haben wir Deutsch.

unterschiedlich
Die Autos sehen gleich aus, haben aber unterschiedliche Farben.

die Unterwäsche
Zur Unterwäsche gehören eine Unterhose und ein Unterhemd.

unterwegs
Wir machen unterwegs ein Picknick.

das Unwetter
Bei dem Unwetter sind einige Bäume umgefallen.

der Urenkel
Der Urenkel ist der Sohn des Enkels vom Großvater.

die Urgroßmutter, der Urgroßvater
Die Urgroßmutter ist die Mutter vom Großvater.
Der Urgroßvater ist der Vater vom Großvater.

der Urlaub
Im Urlaub fahren wir ans Meer.

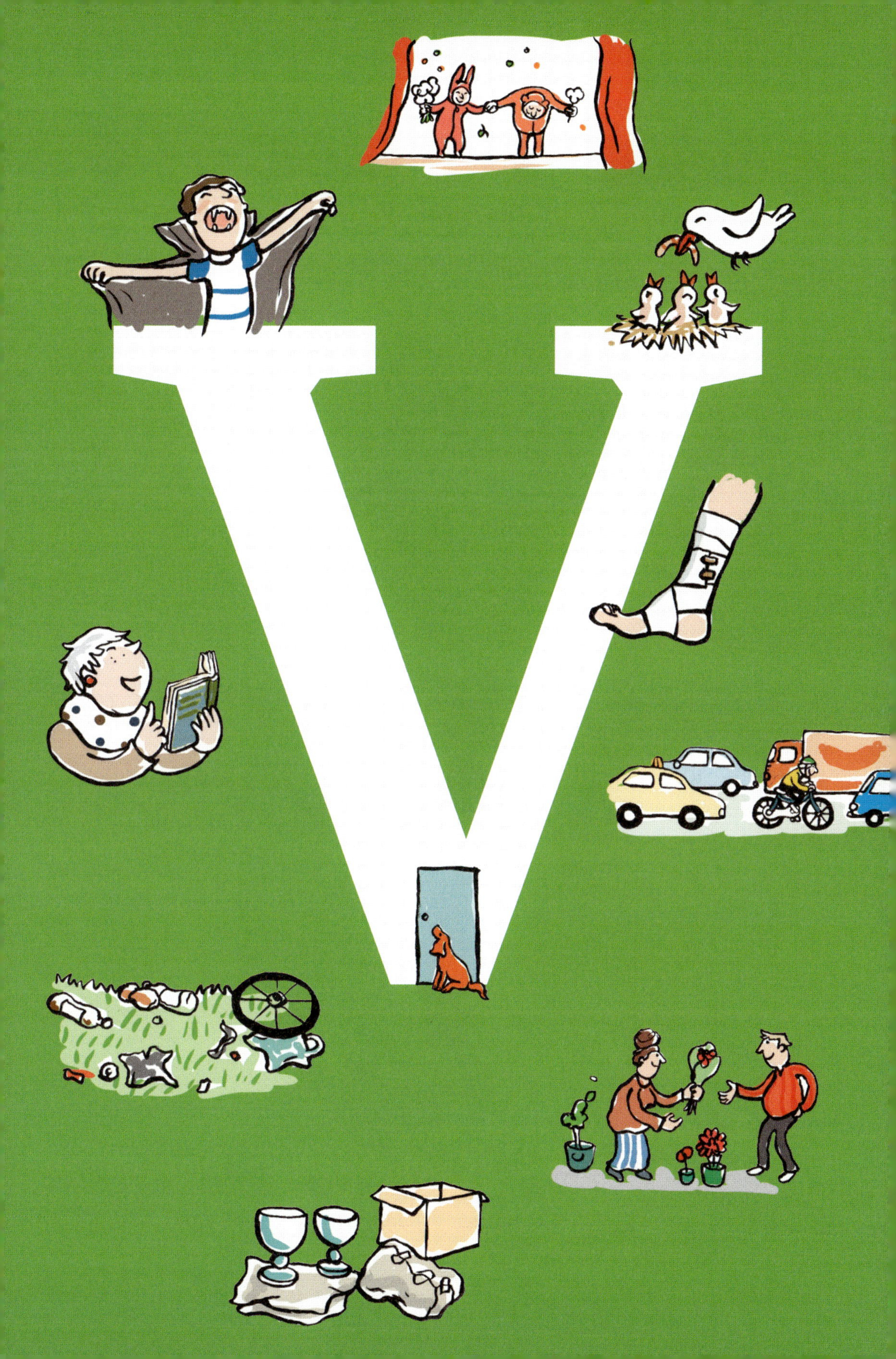
V

der Vampir

der Vampir
Ben geht als Vampir zum Fasching.

die Vase
Mama steckt die Blumen in die Vase.

der Vater
Opa ist Papas Vater.

verabreden
Nach der Schule verabreden wir uns zum Spielen.

der Verband
Die Krankenschwester macht einen Verband um das Bein.

verbessern
Ich habe mich in Mathe verbessert.

verbieten
Wenn wir zu viel Unsinn machen, verbietet Papa uns das Fernsehen.

verbrauchen
Wir haben zwei Pfund Tomaten verbraucht.

verbrennen
Das Papier verbrennt schnell.

vergehen
Seit den Ferien ist schon wieder viel Zeit vergangen.

vergessen
Hast du deine Hausaufgaben vergessen?

das Vergnügen
Wir gehen nur zum Vergnügen auf das Fest.

verheiratet
Tinis Eltern sind nicht verheiratet.

verhext
Dieses Spiel ist wie verhext. *(verzaubert, ungewöhnlich)*

verirren
In dem großen Kaufhaus habe ich mich schon mal verirrt. *(verlaufen)*

verkaufen
Die Frau verkauft Blumen.

der Verkäufer, die Verkäuferin
Der Verkäufer zeigt Tim einen Teddybär.

der Verkehr
Es gibt viel Verkehr auf der Hauptstraße.

verkleiden
Tante Lilly verkleidet sich als Hexe.

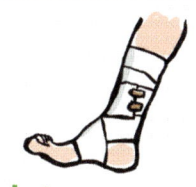

verletzen
Mama hat sich am Knöchel verletzt.

die Verletzung
Die Verletzung ist nicht so schlimm.

verlieben
Tante Lilly ist verliebt.

verlieren
Der Reifen verliert Luft. Opa hat seine Brille verloren.

verlosen
Die Karten für das Theaterstück werden verlost.

verpacken

verpacken
Die empfindlichen Gläser müssen gut verpackt werden.

die Verpackung
Die Verpackung ist zerrissen.

verpassen
Schade, ich habe den Anfang des Films verpasst.

verrechnen
Ich habe mich verrechnet. Du bekommst noch ein wenig Geld zurück.

verrückt
Auf der Party haben wir wie verrückt getanzt. *(wild, lustig)*

der Vers
Ein Vers ist ein Teil von einem Gedicht.

verschieden
Zum Picknick gibt es verschiedene Speisen.

die Verschmutzung
Die Verschmutzung der Umwelt ist ein großes Problem.

verspäten
Der Zug verspätet sich um zehn Minuten.

versprechen
Ich habe Mama versprochen, dass ich pünktlich bin.

verstehen
Das Radio ist zu laut, ich verstehe kein Wort.

Ich verstehe die Geschichte nicht.

versuchen
Ich versuche, den Ball ins Netz zu werfen. *(bemühe mich)*

Der Kuchen ist lecker. Den musst du mal versuchen. *(probieren)*

vertreten
Wenn Herr Abraham krank ist, vertritt ihn Frau Elling.

viel
Kinder sollen viel Wasser trinken.

viele
Im Museum gibt es viele Bilder.

vielleicht
Ich werde vielleicht einmal Wissenschaftler.

vier

vierzehn

vierzig

der Vogel
Der Vogel füttert seine Jungen.

voll
Das Glas ist voll.

von
Ich habe einen Brief von meiner Freundin bekommen.

vor
Sam sitzt vor der Tür.
Wir sind vor drei Tagen aus den Ferien gekommen.

voran
Die Schnecke kommt nur sehr langsam voran.

vorbei

vorbei
Leider sind die Ferien vorbei. *(zu Ende)*
Der Zug ist gerade vorbeigefahren.

die Vorfahrt
Wer von rechts kommt, hat Vorfahrt.

der Vorhang
Der Vorhang geht auf.

vorher
Wir können gleich spielen, vorher muss ich aber Hausaufgaben machen.

vorlesen
Oma liest eine Geschichte vor.

der Vormittag
Am Vormittag gehen wir in die Schule.

vormittags
Mama arbeitet vormittags in einem Büro.

der Vorname
Der Vorname von Greta Müller ist Greta.

die Vorschule
Leo kommt bald in die Vorschule.

Vorsicht!
Vorsicht! Da kommt ein Auto!

vorsichtig
Opa geht vorsichtig die Treppe herunter.

die Vorstellung
Die Vorstellung ist zu Ende. Alle klatschen.

W

die Waage

die Waage
Mit der Waage kann man sein Gewicht messen.

wach
Ich war heute schon um sechs Uhr wach.

wachsen
Tomaten wachsen an Sträuchern.

die Wade
Sportler haben kräftige Waden.

die Waffel
Zum Eis gibt es eine leckere Waffel.

der Wagen
Das Pferd zieht einen Wagen.

wahr
Wenn etwas wahr ist, dann ist es nicht gelogen.

während
Während Papa das Baby füttert, kann Mama in Ruhe essen.

die Wahrheit
Wer nicht lügt, sagt die Wahrheit.

der Wald
Im Wald gibt es Pilze.

die Wand
An der Wand hängt ein Poster von Tarzan.

wandern
Wir wandern in die Berge.

das Wasser

wann
Wann kommst du nach Hause?

die Wanne
Babys werden in einer kleinen Wanne gebadet.

warm
Am Kamin ist es schön warm.

W

wärmen
Ich wärme mir die Hände an der Heizung.

warten
Die Kinder warten auf den Bus.

warum
Warum bist du so traurig?

was
Was hast du gesagt?

das Waschbecken
Ich möchte meinen Teddy im Waschbecken waschen.

waschen
Lisa wäscht sich die Haare.

die Waschmaschine
Die Waschmaschine steht im Keller.

der Waschraum
Wo finde ich die Waschräume?

das Wasser
Das Wasser ist zu kalt zum Baden.

der Wasserhahn

W

der Wasserhahn
Der Wasserhahn tropft!

die Watte
Die Watte ist weich und leicht.

weben
Die Spinne webt ein Spinnennetz.

wechseln
Die Kinder wechseln ihre Kleidung.
Kannst du bitte einen 50-Euro-Schein wechseln?

wecken
Mama weckt mich.

der Wecker
Der Wecker klingelt.

der Weg
Der Weg führt auf den Berg hinauf.

weg
Ich bin gleich noch mal weg!

wegen
Wir mussten wegen des Nebels ganz langsam fahren.

wehtun
Aua. Das tut mir weh!

weich
Die Couch ist weich.

Weihnachten
Zu Weihnachten kommen Oma und Opa.

der Weihnachtsbaum
Lisa schmückt den Weihnachtsbaum.

die Weihnachtsferien
In den Weihnachtsferien bleiben wir zu Hause.

der Weihnachtsmann
Glaubst du an den Weihnachtsmann?

weil
Ich trage Handschuhe, weil es draußen kalt ist.

der Wein
Papa trinkt gerne ein Glas Wein zum Abendessen.

weinen
Tim weint, weil er hingefallen ist.

welche, welcher, welches
Welche ist deine Tasche?
Welches Kleid ist hübscher?

die Welt
Die Welt ist unsere Erde. Der Globus zeigt die ganze Welt.

das Weltall
Das Weltall ist unendlich.

wenig
Kann ich ein wenig Pudding haben?
Kleine Kinder essen wenig.

wenige
Es sind nur wenige Kinder gekommen.
(ein paar)

wenn
Was willst du werden, wenn du groß bist?

wer
Wer hat Opas Brille gesehen?

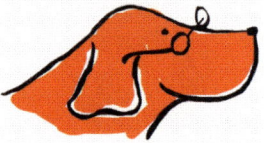

werden
Ich werde Pilot, wenn ich groß bin.

werfen
Der Torwart wirft den Ball.

die Wespe
Die Wespe sitzt auf dem Marmeladenglas.

die Wette
Ich habe mit Papa eine Wette abgeschlossen.

wetten
Wir wetten, wer schneller laufen kann.

das Wetter
Das Wetter ist toll!

der Wetterbericht
Das habe ich im Wetterbericht gehört.

das Wettrennen
Die Autos machen ein Wettrennen.

wichtig
Ein Doktor ist ein wichtiger Mensch.

wie
Lisa ist so groß wie Susie.
Ich weiß nicht, wie er heißt.
Wie geht es dir?

wieder
Wollen wir wieder Fußball spielen? *(noch einmal)*
Ich komme morgen wieder. *(zurück)*

wiederholen
Wir müssen das Diktat wiederholen.

wiegen
Sam wiegt 24 Kilogramm.

die Wiese
Auf der Wiese grasen die Kühe.

W

wild
Bären sind wilde Tiere.

die Wimper
Mama tuscht sich die Wimpern.

der Wind
Der Wind bläst in die Segel.

windig
Heute ist es sehr windig.

winken
Oma winkt mit dem Taschentuch.

der Winter
Im Winter fahren wir Ski.
Das wird ein kalter Winter.

wir
Wollen wir zusammen spielen?
Wir sind aus Hamburg.

wirklich
Ich habe das Bild wirklich selbst gemalt.
Bist du wirklich schon zehn Jahre alt?

wissen
Ich weiß, wie man das schreibt.

187

wo

wo
Wo wohnt deine Oma?
Ich weiß, wo deine Oma wohnt.

die Woche
Ein Jahr hat 52 Wochen.

das Wochenende
Am Wochenende fahren wir in den Urlaub.

wofür
Wofür gebraucht man diese Zange?

woher
Woher kennst du deinen Freund?

wohin
Wohin fahren wir heute?

wohnen
Tante Lilly wohnt im dritten Stock.

der Wohnort
In unserem Wohnort gibt es ein Kino.

die Wohnung
Die Wohnung ist zu vermieten.

das Wohnzimmer
Das Wohnzimmer ist im Erdgeschoss.

der Wolf
Der Wolf ist ein wildes Tier.

die Wolke
Die Wolken sehen aus wie Schafe.

wütend

die Wolle
Die Katze spielt mit der Wolle.

das Wort
Die schwierigen Wörter finde ich im Wörterbuch.

das Wörterbuch
Ben braucht in Englisch ein Wörterbuch.

W

die Wunde
Mama hat ein Pflaster auf die Wunde geklebt.

das Wunder
Im Märchen gibt es Wunder.

der Wunsch
Die Prinzessin hat drei Wünsche frei.

wünschen
Mein Bruder wünscht sich ein Computerspiel zum Geburtstag.
Wir wünschen euch schöne Weihnachten.

der Wurm
Der Wurm lebt in der Erde.

die Wurst
Papa schneidet die Wurst.

das Würstchen
Sam träumt von einem saftigen Würstchen.

die Wurzel
Die Wurzeln halten den Baum am Leben.

wütend
Versteck dich! Mama ist wütend.

189

Z

das Zebra

die Zahl
Welche Zahlen kannst du auf dem Nummernschild sehen?

zählen
Mein kleiner Bruder kann schon bis zehn zählen.

der Zahn
Tims Zahn wackelt.

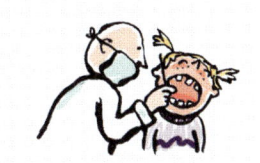

Z

der Zahnarzt, die Zahnärztin
Der Zahnarzt untersucht Mias Zähne.

die Zahnbürste
Ich habe eine rote Zahnbürste. Bens Zahnbürste ist grün.

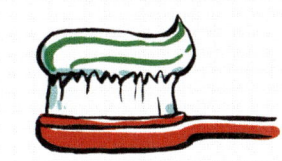

die Zahnpasta
Ich drücke Zahnpasta auf die Zahnbürste.

die Zange
Mit der Zange kann man den Nagel greifen.

der Zauberer
Der Zauberer zaubert einen Hasen herbei.

zaubern
Man kann mit Münzen zaubern.

der Zauberstab
Der Zauberer hat einen Zauberstab.

der Zaun
Zwei Hühner sitzen auf dem Zaun.

das Zebra
Zebras haben schwarze und weiße Streifen.

der Zebrastreifen

Z

der Zebrastreifen
Der Zebrastreifen ist ein sicherer Straßenübergang.

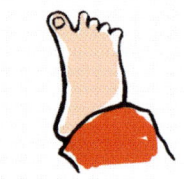

der Zeh
Tim kann mit dem großen Zeh wackeln.

zehn

zeichnen
Ben hat Lisa und Susie gezeichnet.

die Zeichnung
Alle Zeichnungen werden an die Wand gehängt.

zeigen
Papa zeigt mir, wie das Spiel funktioniert.

die Zeit
Ich habe viel Zeit zum Spielen.

die Zeitschrift
Das ist eine Zeitschrift für Kinder.

die Zeitung
Meine Eltern lesen jeden Morgen die Zeitung.

das Zelt
Das Zelt steht im Garten.

der Zentimeter
Das Lineal ist 30 Zentimeter lang.

zerbeißen
Sam hat den Ball zerbissen.

der Zoo

Z

zerbrechlich
Dinge aus Glas und Porzellan sind zerbrechlich.

der Zettel
Auf dem Zettel steht, was ich einkaufen soll.

das Zeugnis
Im ersten Zeugnis gibt es noch keine Noten.

die Ziege
Ziegen geben Milch.

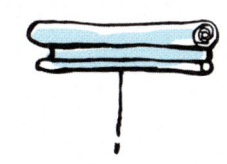

ziehen
Was passiert, wenn man an der Schnur zieht?
Ich ziehe den Schlitten.

das Ziel
Wir sind endlich am Ziel.

die Zigarette
Zigaretten sind ungesund.

das Zimmer
Das Haus hat vier Zimmer.

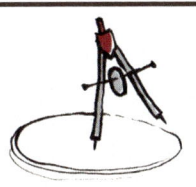

der Zirkel
Mit dem Zirkel kann man Kreise ziehen.

der Zirkus
Im Zirkus treten Artisten auf.

die Zitrone
Zitronen schmecken sauer.

der Zoo
Im Zoo gibt es einen kleinen Elefanten.

193

der Zopf

Z

der Zopf
Ich flechte mir manchmal einen Zopf.

zu
Machst du bitte die Tür zu!

der Zucker
In der Cola ist viel Zucker.

zu Ende
Die Vorstellung ist zu Ende.

zuerst
Ich bin zuerst ein bisschen ängstlich gewesen. *(am Anfang)*
Paul war zuerst im Ziel. *(der erste)*

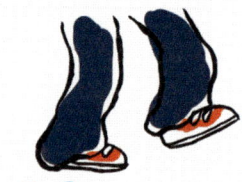

zu Fuß
Ich gehe zu Fuß zur Schule.

der Zug
Der Zug kommt am Bahnhof an.

zu Hause
Ich habe zu Hause viele Bücher.

das Zuhause
Menschen, die kein Zuhause haben, sind arm.

die Zukunft
Die Zukunft ist das, was vor uns liegt.

zuletzt
Ich habe zuletzt keine Lust mehr gehabt. *(am Ende)*
Peter ist zuletzt gekommen. *(als Letzter)*

zum
Dienstags gehen wir immer zum Schwimmen.

zumachen
Es ist kühl. Du solltest deine Jacke zumachen.

die Zunge
Mia streckt die Zunge raus.

zur
Ich gehe jetzt schon seit drei Jahren zur Schule.

zurück
Wir waren erst spät wieder zurück.

zusammen
Ich bin gerne mit meiner Freundin zusammen.

der Zuschauer
Es sind viele Zuschauer zu unserer Aufführung gekommen.

20
zwanzig

2
zwei

die Zwiebel
Papa schneidet nicht gerne Zwiebeln.

der Zwilling
Die Zwillinge sehen gleich aus.

zwischen
Sam sitzt zwischen Mia und Ben.

12
zwölf

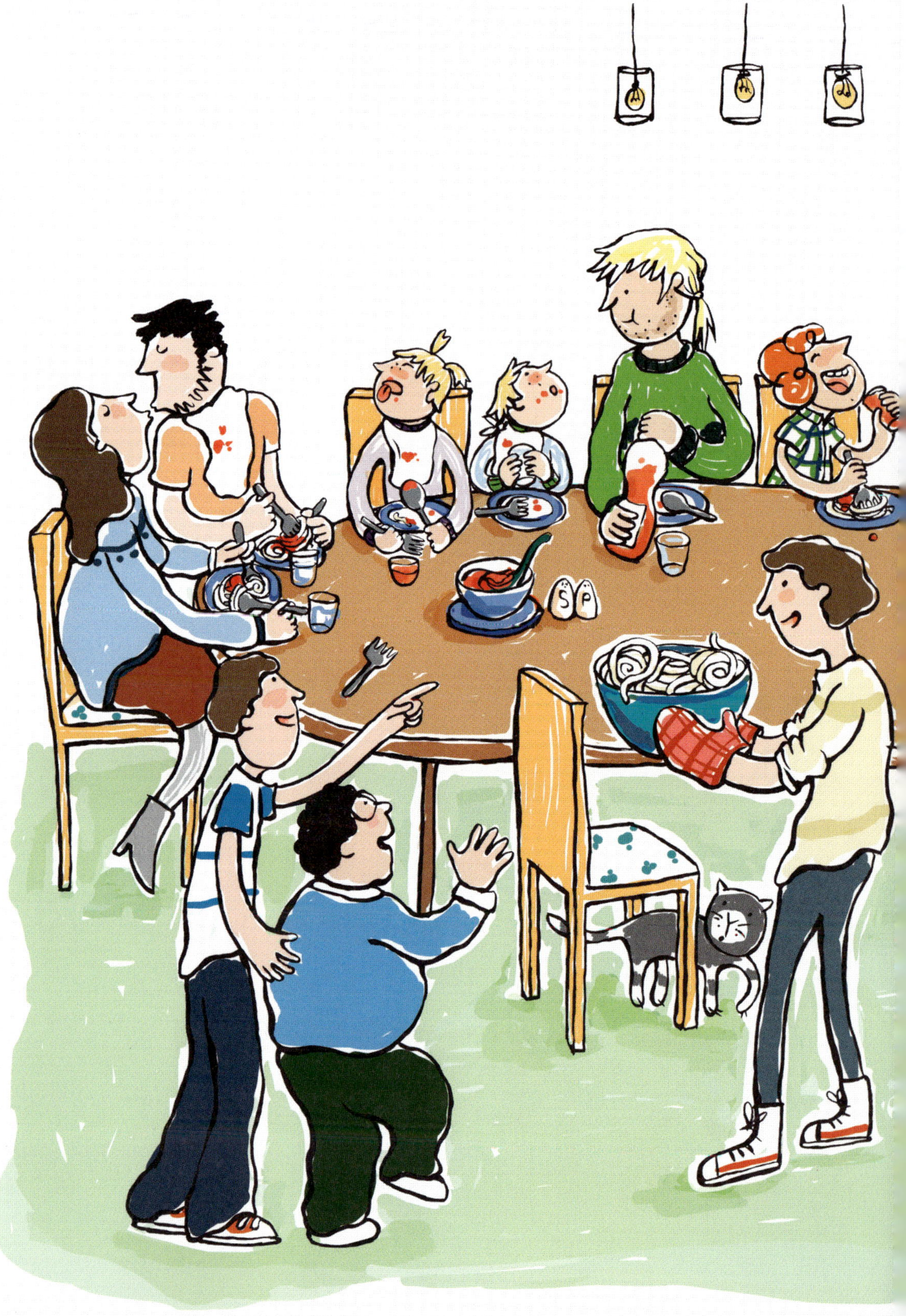
S
P

Bens Familie

die Mama	der Papa
die Oma	der Opa
das Baby	die Familie
die Tante	der Onkel
der Freund	die Freundin
der Bruder	die Schwester
der Cousin	die Cousine
der Hund	die Katze

197

198

Lisas Tag

die Sonne	 der Wecker
 die Schulglocke	 das Schulheft
 das Buch	 das Mittagessen
 die CD	 der Mond
 das Müsli	 die Milch
 schlafen	 aufwachen

199

Einkaufs-
zentrum
KRANKENHAUS
Bahnhof
SCHULE
Café
Rathaus
KINO
MUSEUM
Bibliothek

Unsere Stadt

das Plakat	der Springbrunnen
das schwarze Auto	das rote Auto
das rote Kreuz	der Bus
das Taxi	das Café
die drei Sterne	die Rutsche
die alte Frau	der Zug
das Restaurant	die Mumie
der Hubschrauber	der Briefkasten

202

Die Waldentdecker

graben — tragen

schlafen — quacken

weben — trinken

springen — fliegen

die Spinne — die Biene

der Maulwurf — der Frosch

die Ameise — das Reh

die Ente — die Eule

204

Das verrückte Haus

das Klo	das Kinderbett
der Herd	der Kleiderschrank
der Kühlschrank	der Computer
das Dach	die Hundehütte
das Arbeitszimmer	das Kinderzimmer
das Schlafzimmer	das Wohnzimmer
die Küche	der Keller
die Waschmaschine	die Badewanne

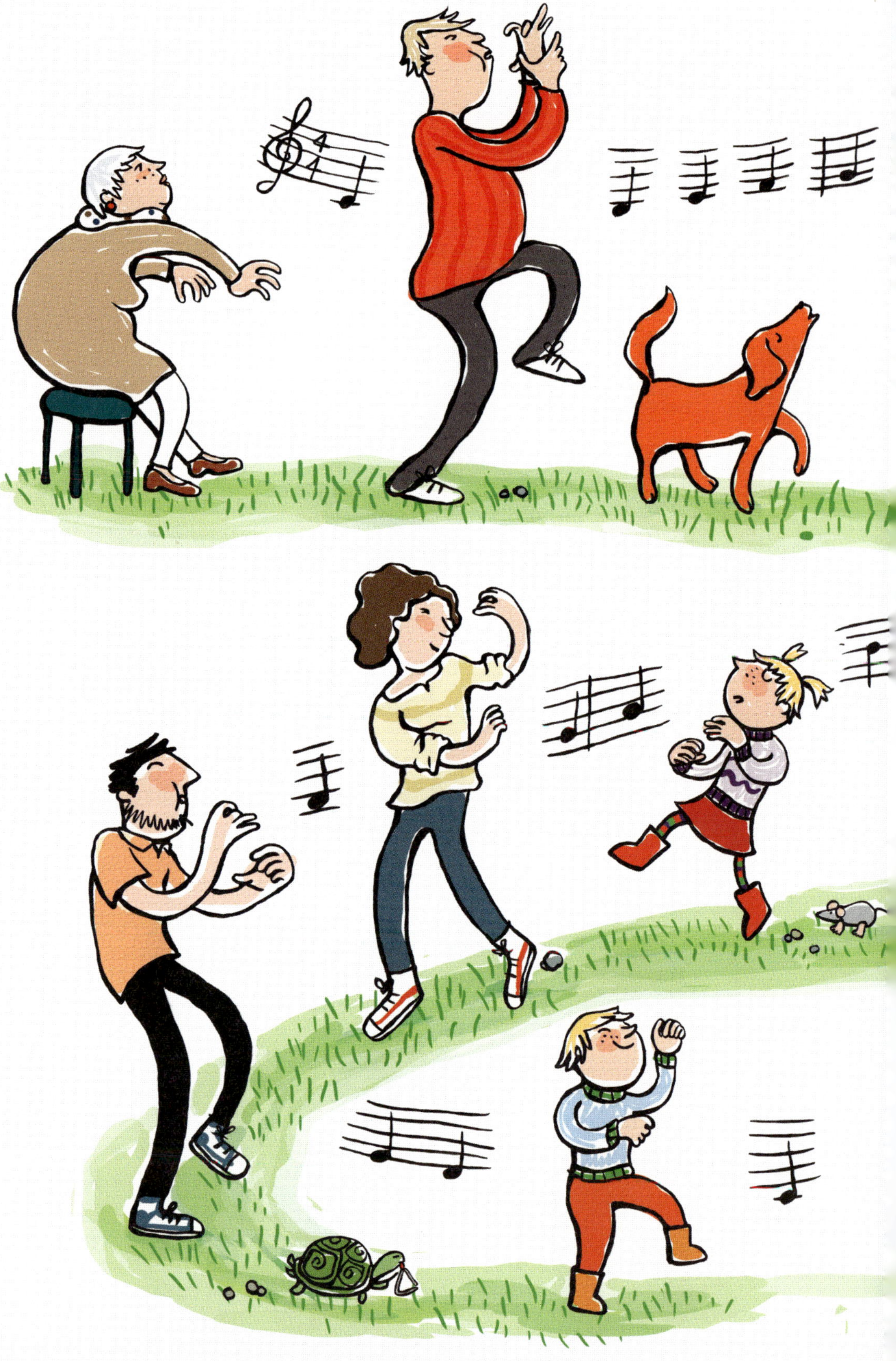

Wir machen Musik

die Trompete	das Klavier
die Geige	die Blockflöte
die Mundharmonika	das Saxofon
die E-Gitarre	die Trommel
der Triangel	das Tamburin

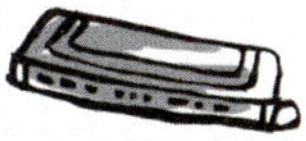

STUNDENPLAN

Stunde	Montag	Dienstag	Mittwoch	Donnerstag	Freitag
1	Deutsch	Sachkunde	Mathe	Englisch	Kunst
2	Sachkunde	Mathe	Deutsch	Geografie	Naturkunde
3	Kunst	Sport	Englisch	Musik	Sport
4	Englisch	Deutsch	Sport	Mathe	Mathe
5	–	–	–	Deutsch	–
	Mittags-pause	Mittags-pause	Mittags-pause	Mittags-pause	Mittags-pause
6	–	Schwimmen	Musik	–	–

Bens Stundenplan

die Landkarte  — die Gitarre

der Computer  — der Tuschkasten

der Taschen-rechner  — das Mikroskop

die Badehose  — das Lehrbuch

der Ball  — das Wörterbuch

210

Im Shoppingcenter

der Teddybär	das Brot
die Schuhe	der Po
das Buch	das Eis
die Jeans	die Pfütze
das Hundespielzeug	die Tierhandlung
das Schuhgeschäft	der Buchladen
der Spielzeugladen	die Bäckerei
das Modegeschäft	die Eisdiele

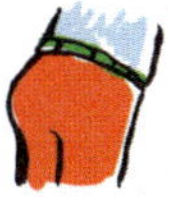

211

212

Das Jahr

die Ostereier · das Schaf

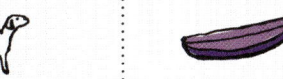

das Lamm · das Surfbrett

die Sonne · die Möwe

der Traktor · der Baum

die Blätter · der Schneemann

der Schlitten · der Weihnachtsbaum

der Drachen · die Blumen

die Rosen · Halloween

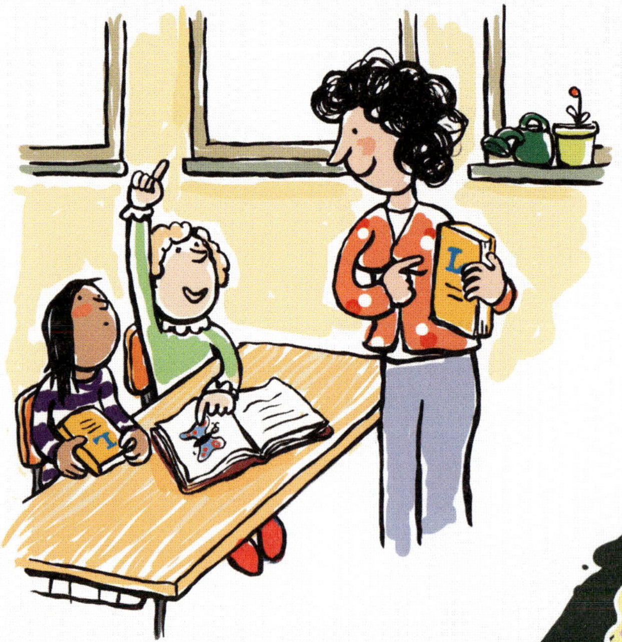

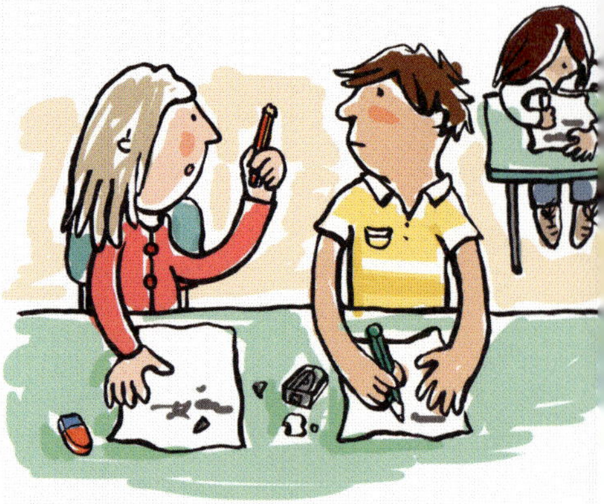

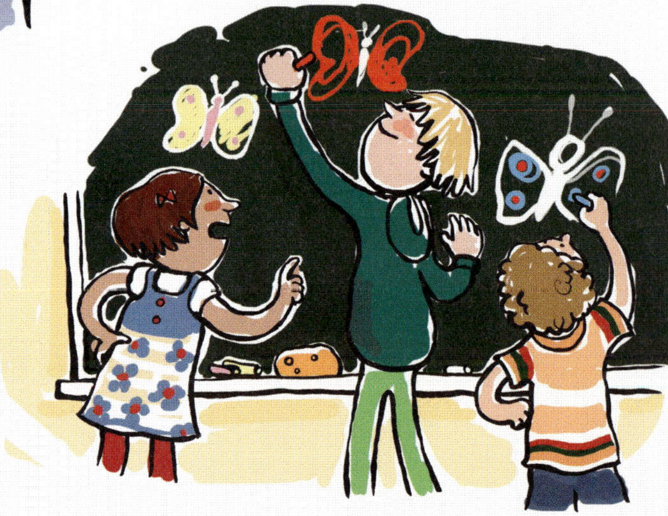

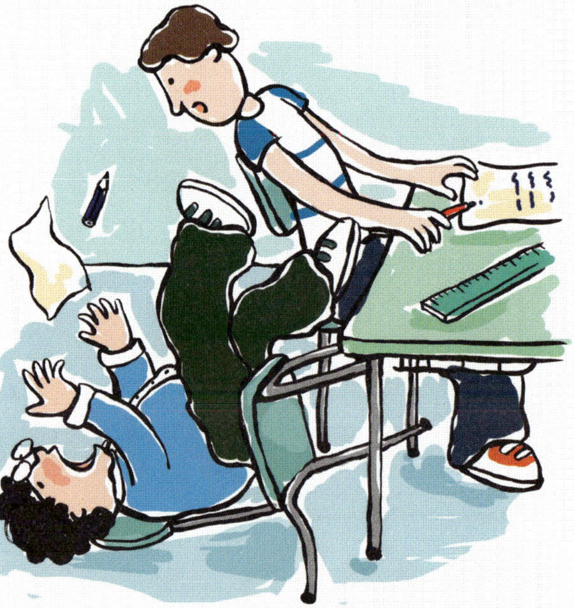

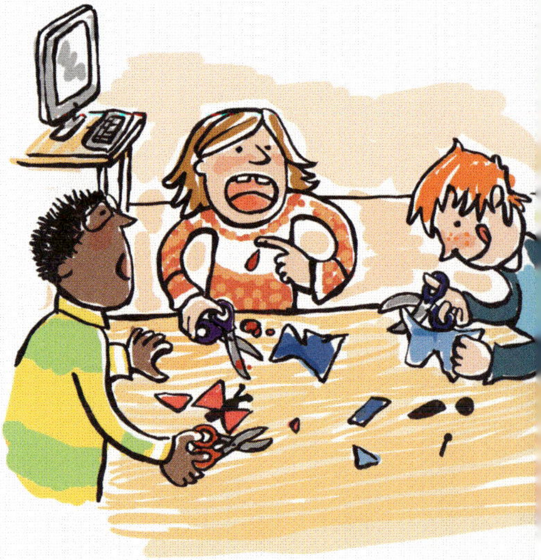

In der Schule

der Bleistift

die Schere

die Landkarte

der Wasserhahn

die Tafel

das Lineal

das Fenster

der Computer

der Radiergummi

die Lehrerin

der Stuhl

das Wörterbuch

der Finger

die Kreide

der Tisch

der Schmetterling

215

2,-€ Kg
3,-€ Kg
0,00
0,00
St 1,50€
3,50€ Kg
2,50€ Kg
St 2,50€
4,-€ Kg
1,-€ Kg
St 50 ct
2,-€ Kg
2,-€ Kg

Auf dem Markt

der Apfel — die Orange

die Birne — die Kirsche

die Erdbeere — die Weintrauben

die Banane — die Gurke

die Kartoffel — der Blumenkohl

die Karotte — die Tomate

die Melone — die Paprika

218

Sport macht Spaß

der Hockey-schläger

die Handschuhe

das Reck

der Fußball

das Skateboard

der Tennisschläger

der Federball

der Basketball

das Pferd

219

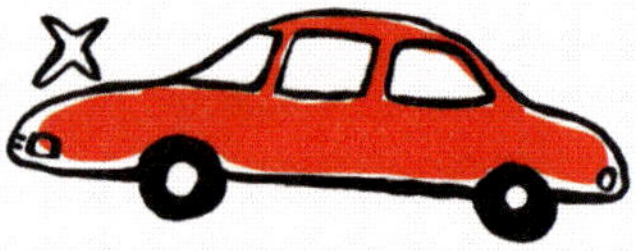
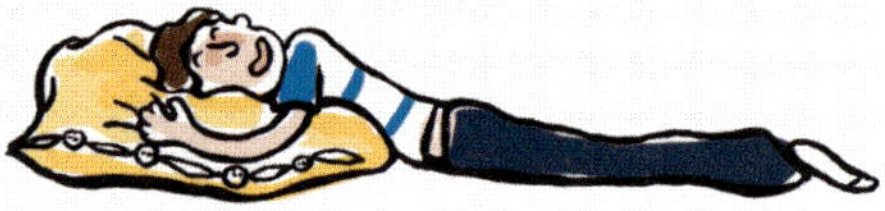
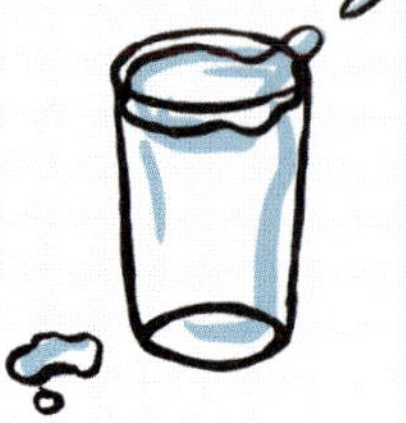
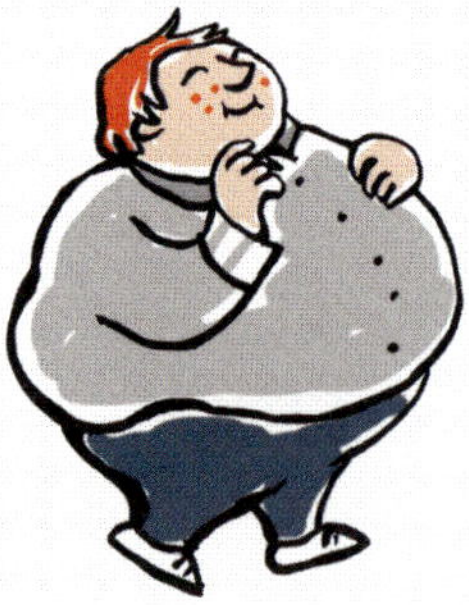
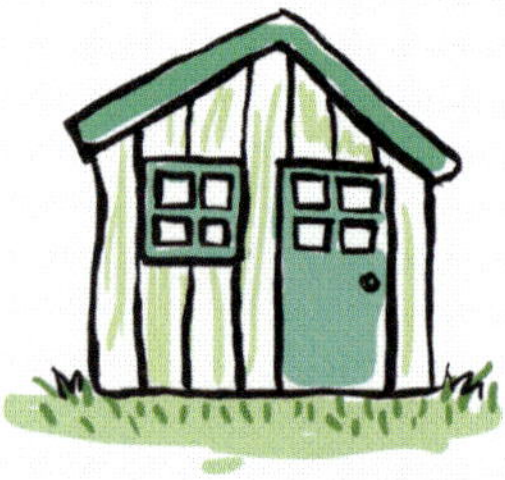
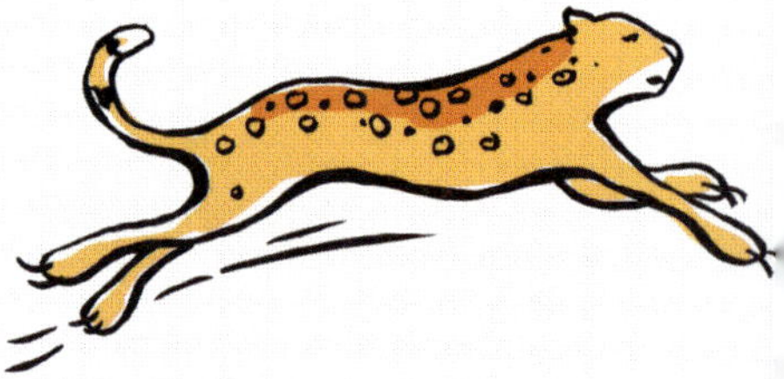
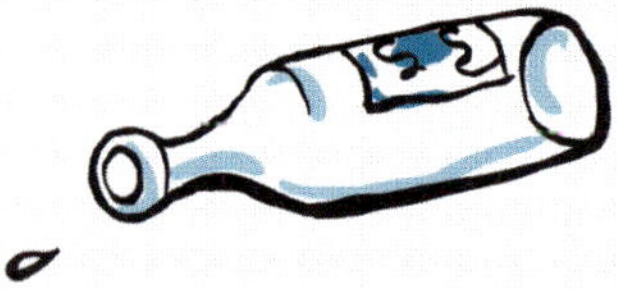
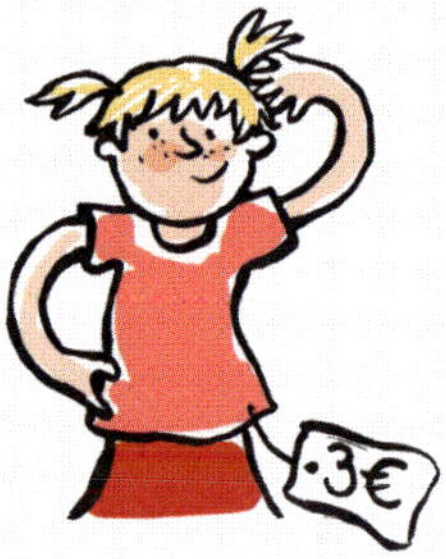
3€
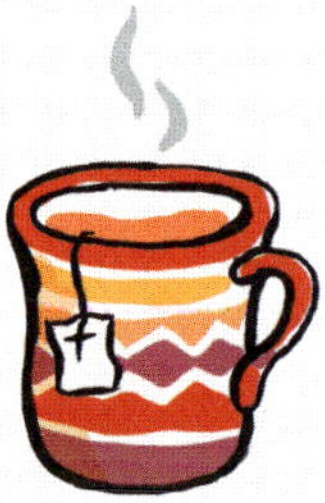
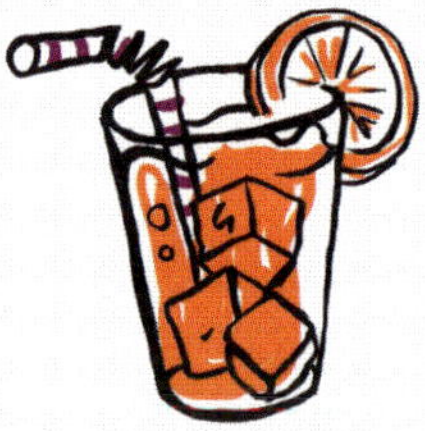
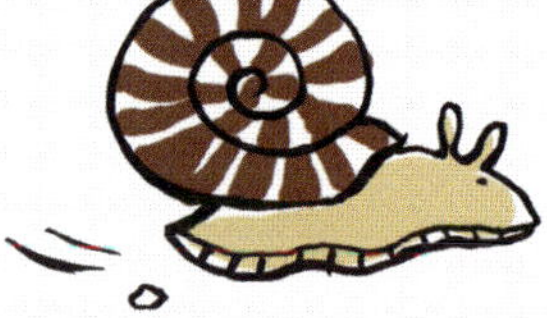
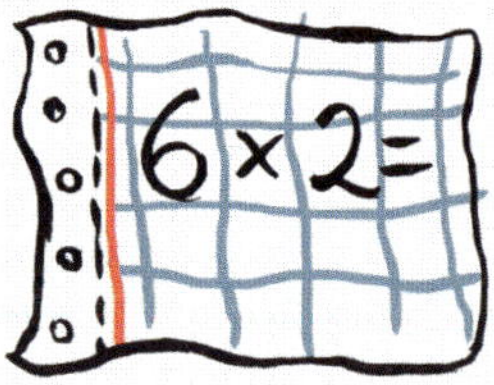
6 x 2 =
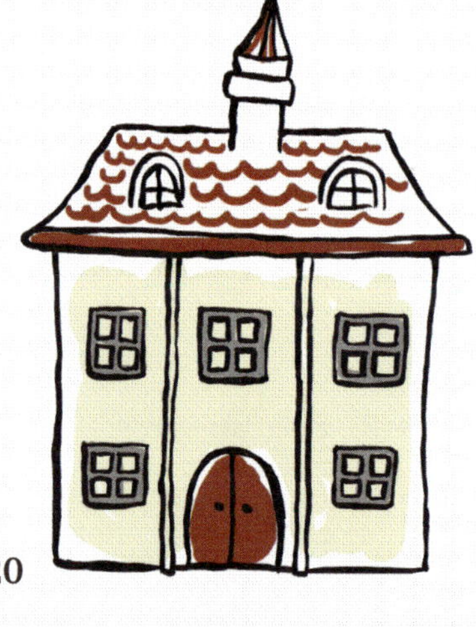
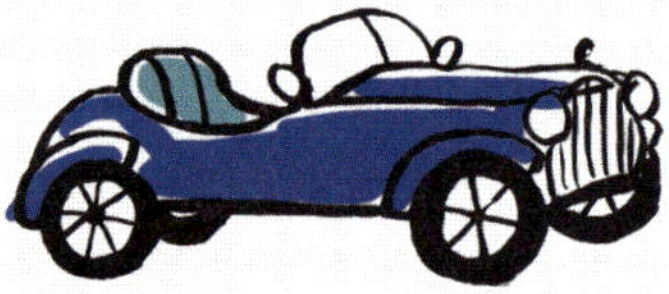
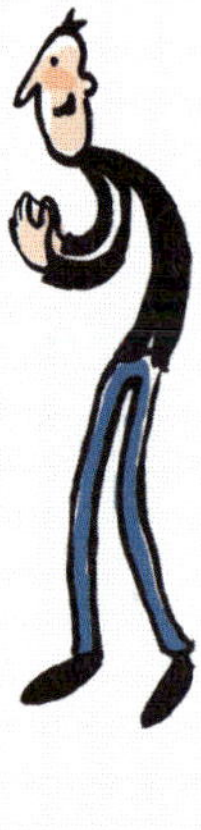

Gegensätze

groß	 klein
 dick	 dünn
 schnell	 langsam
 heiß	 kalt
 voll	 leer
 neu	 alt
 hart	 weich
 billig	 teuer

221

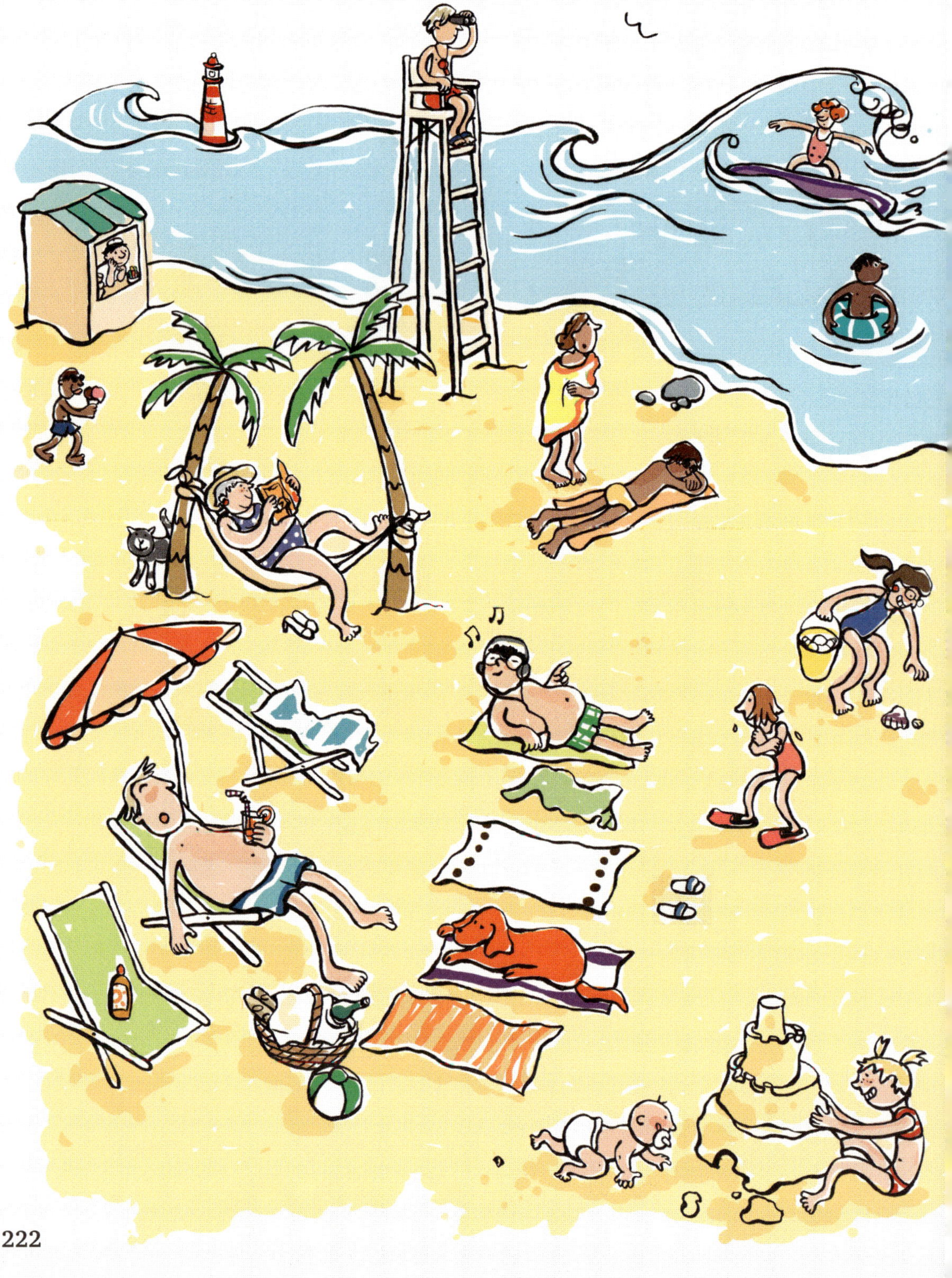

Am Strand

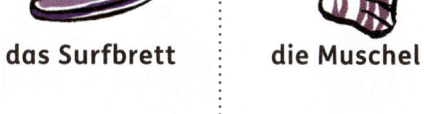

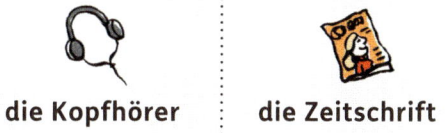

die Sonnenbrille	die Schwimm-flügel
das Surfbrett	die Muschel
die Kopfhörer	die Zeitschrift
die Taucherbrille	der Fotoapparat
schwimmen lernen	krabbeln
tauchen	lesen
beobachten	fotografieren
springen	surfen

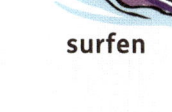

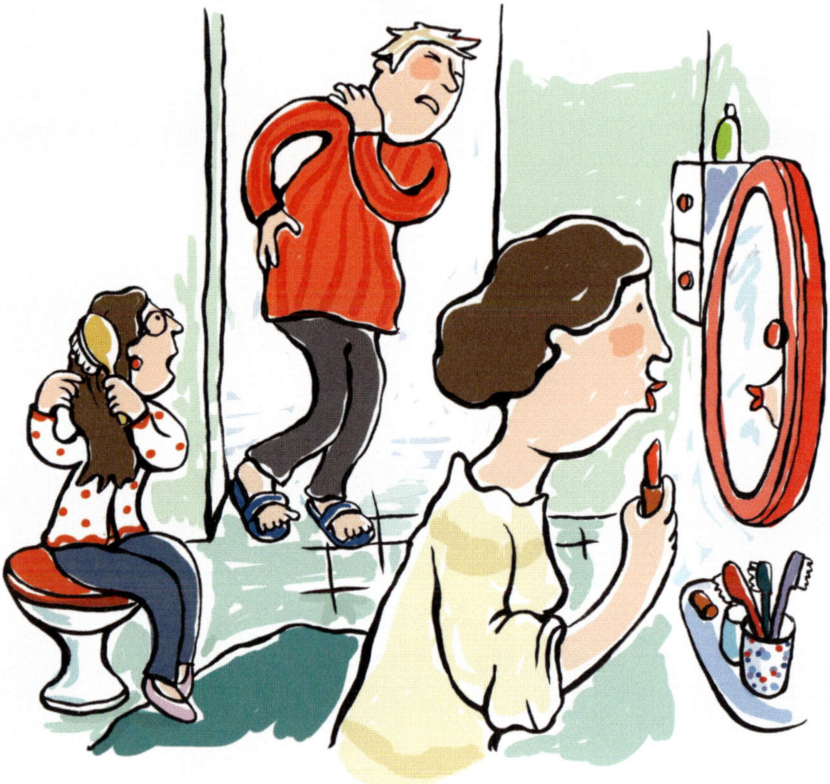
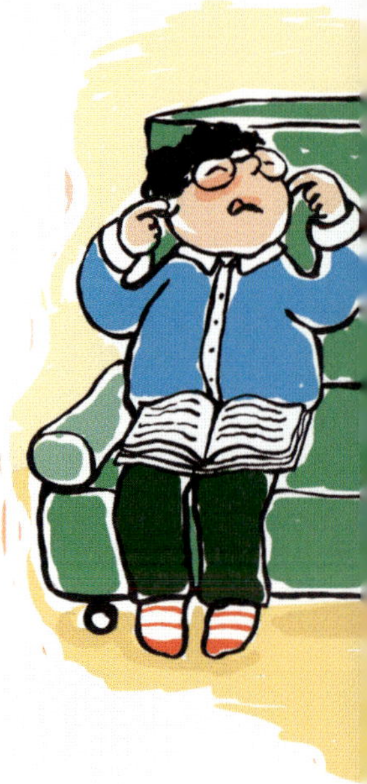
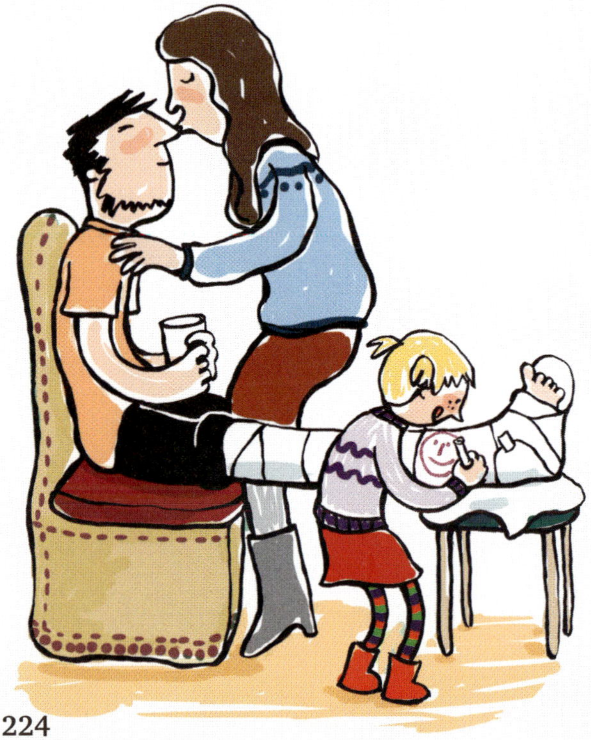
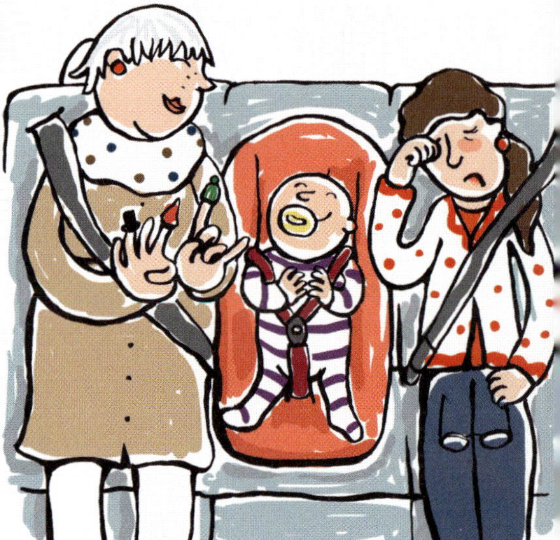

Mein Körper

das Gesicht

die Haare

der Rücken

das Bein

das Knie

der Fuß

die Füße

der Arm

die Hand

das Auge

die Nase

der Mund

die Lippen

das Ohr

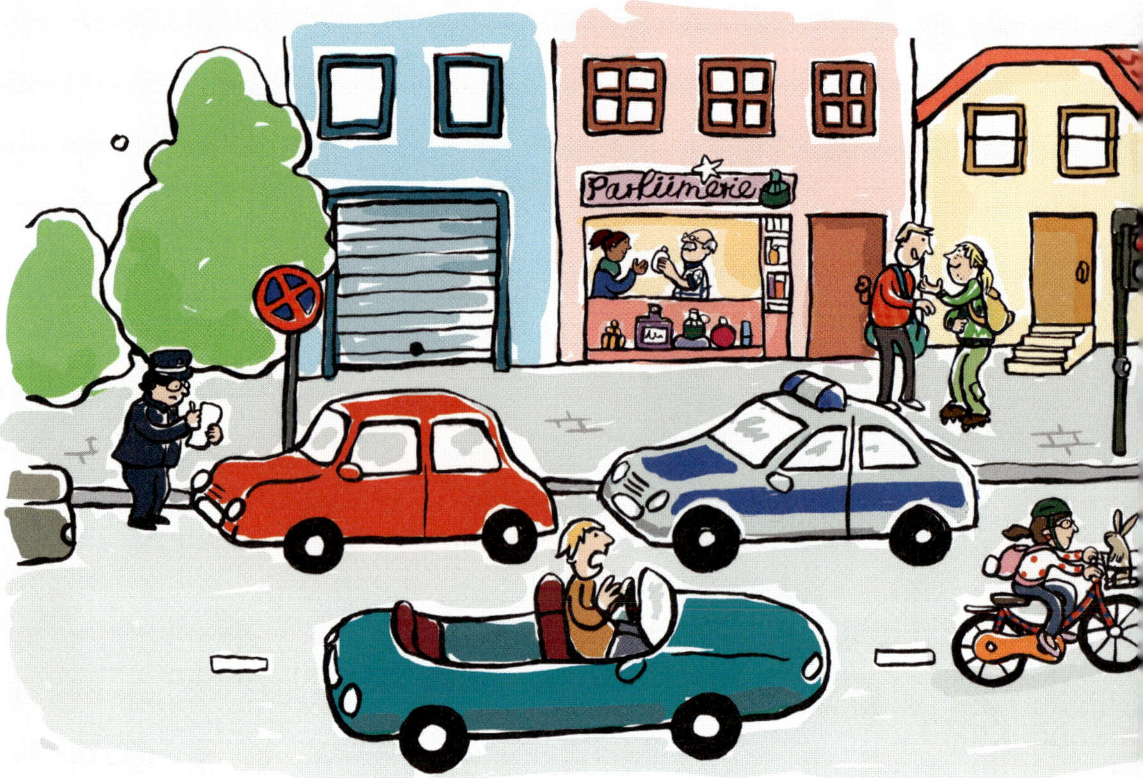
Parfümerie

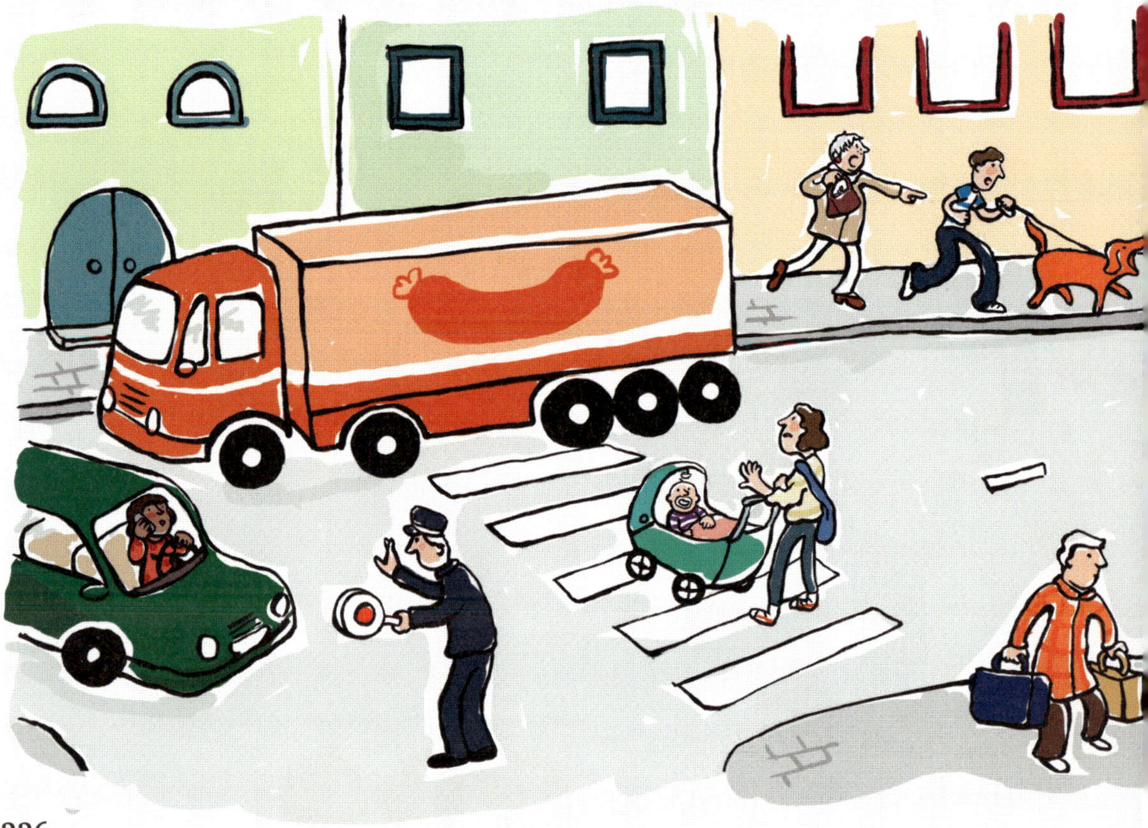

Verkehrsgewimmel

der Kinderwagen  — die Polizistin

das Polizeiauto  — die Fahrradfahrerin

das Portemonnaie — die Handtasche

der Dieb  — die Ampel

der Bürgersteig  — der Zebrastreifen

der Lastwagen  — das Taxi

das Fahrrad  — das Motorrad

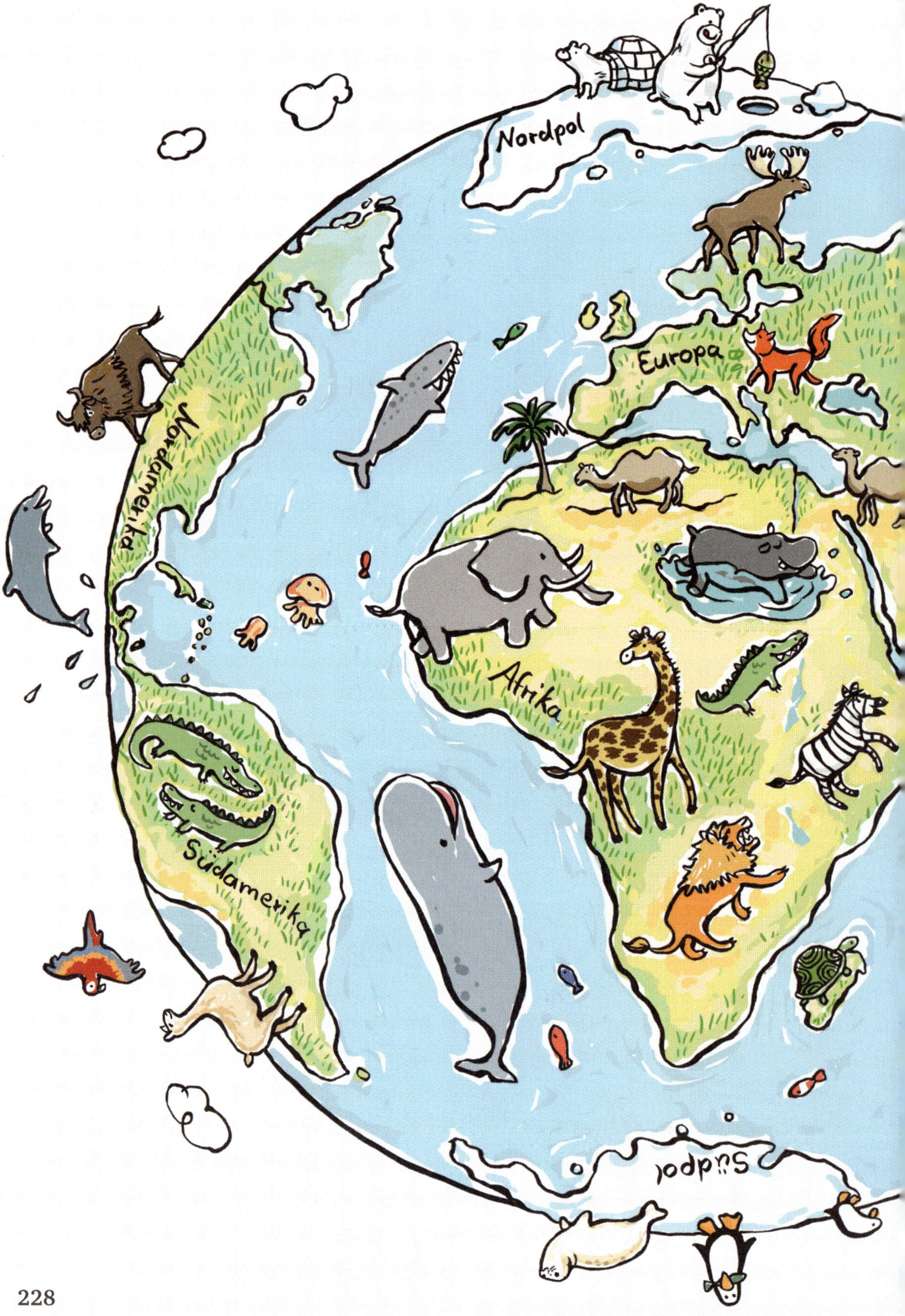
Nordpol
Nordamerika
Europa
Afrika
Südamerika
Südpol

Tiere aus aller Welt

der Eisbär	das Kamel
 das Krokodil	 der Hai
 das Zebra	 das Flusspferd
 der Pandabär	 der Elefant
 der Löwe	 der Papagei
 das Känguru	 der Pinguin
 der Büffel	 das Lama
 der Affe	 die Schildkröte

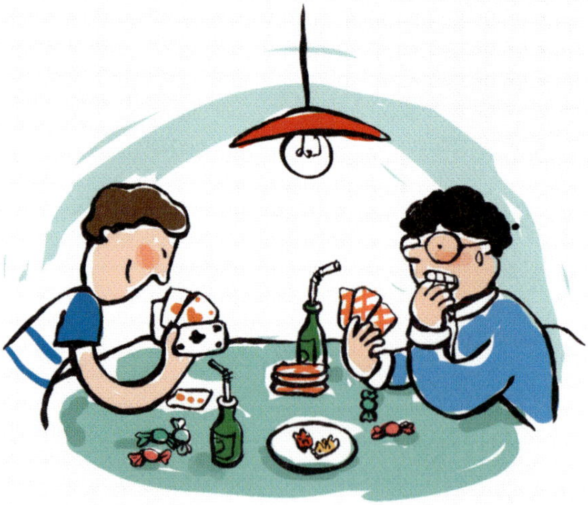

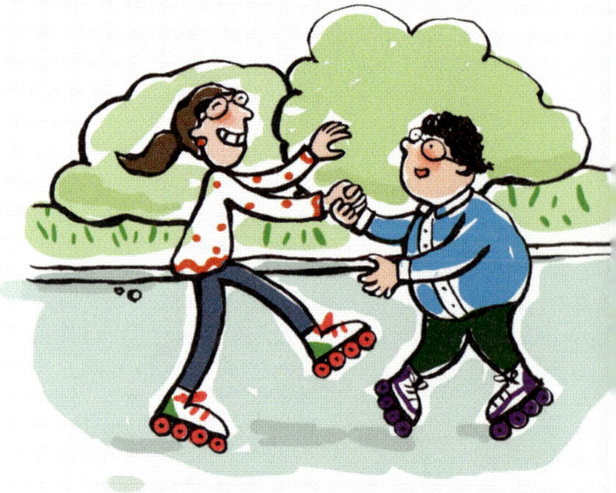

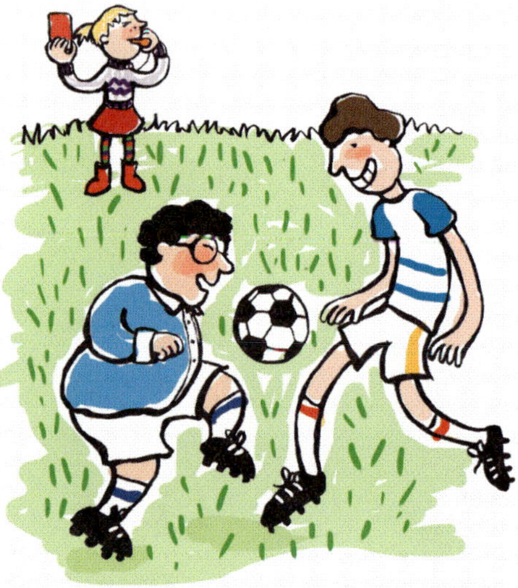

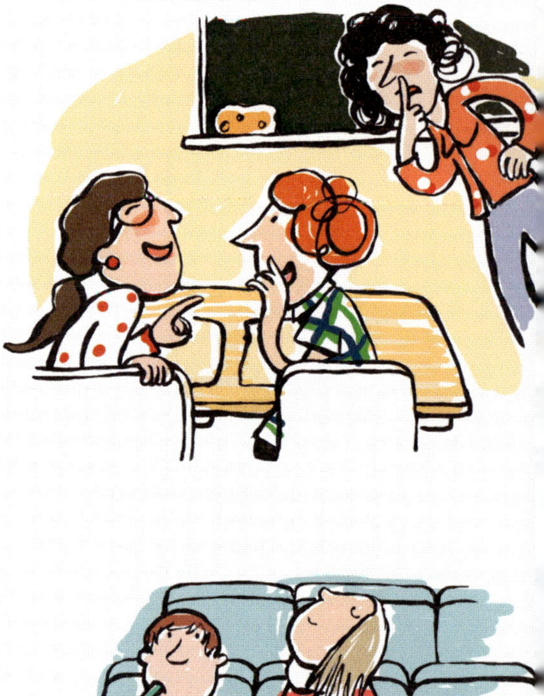

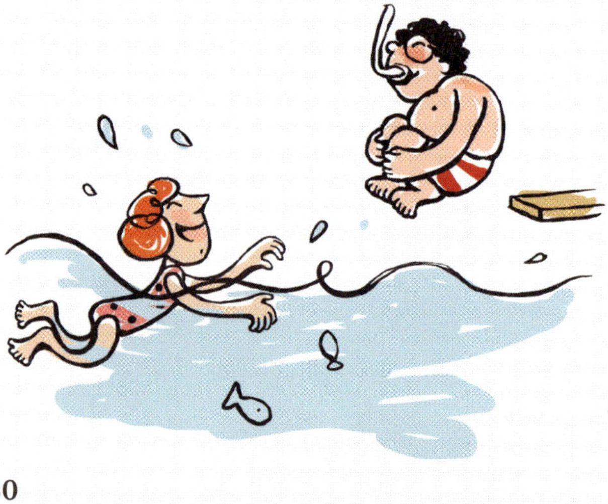

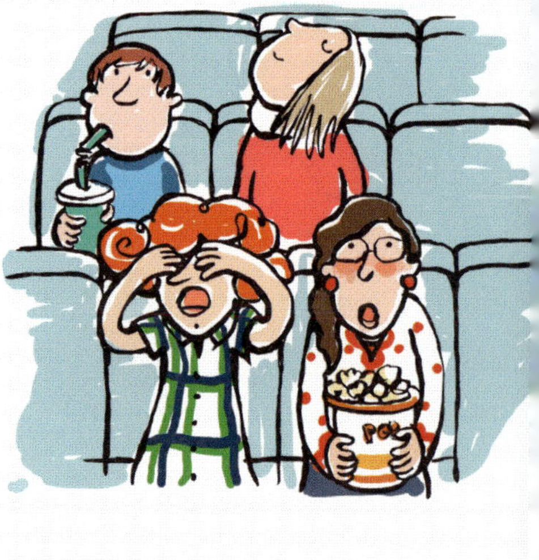

Die besten Freunde

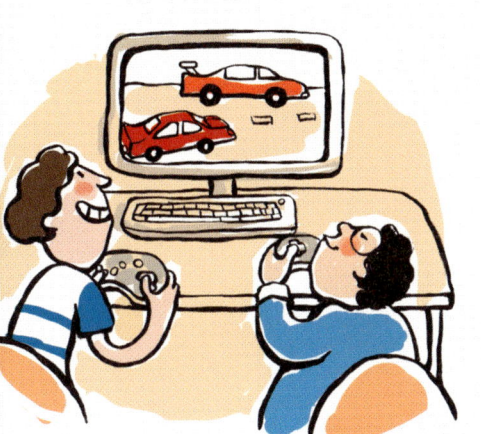

ins Kino gehen — inlineskaten

schwimmen — Fußball spielen

Karten spielen — zelten

tuscheln — Basketball spielen

Computer spielen

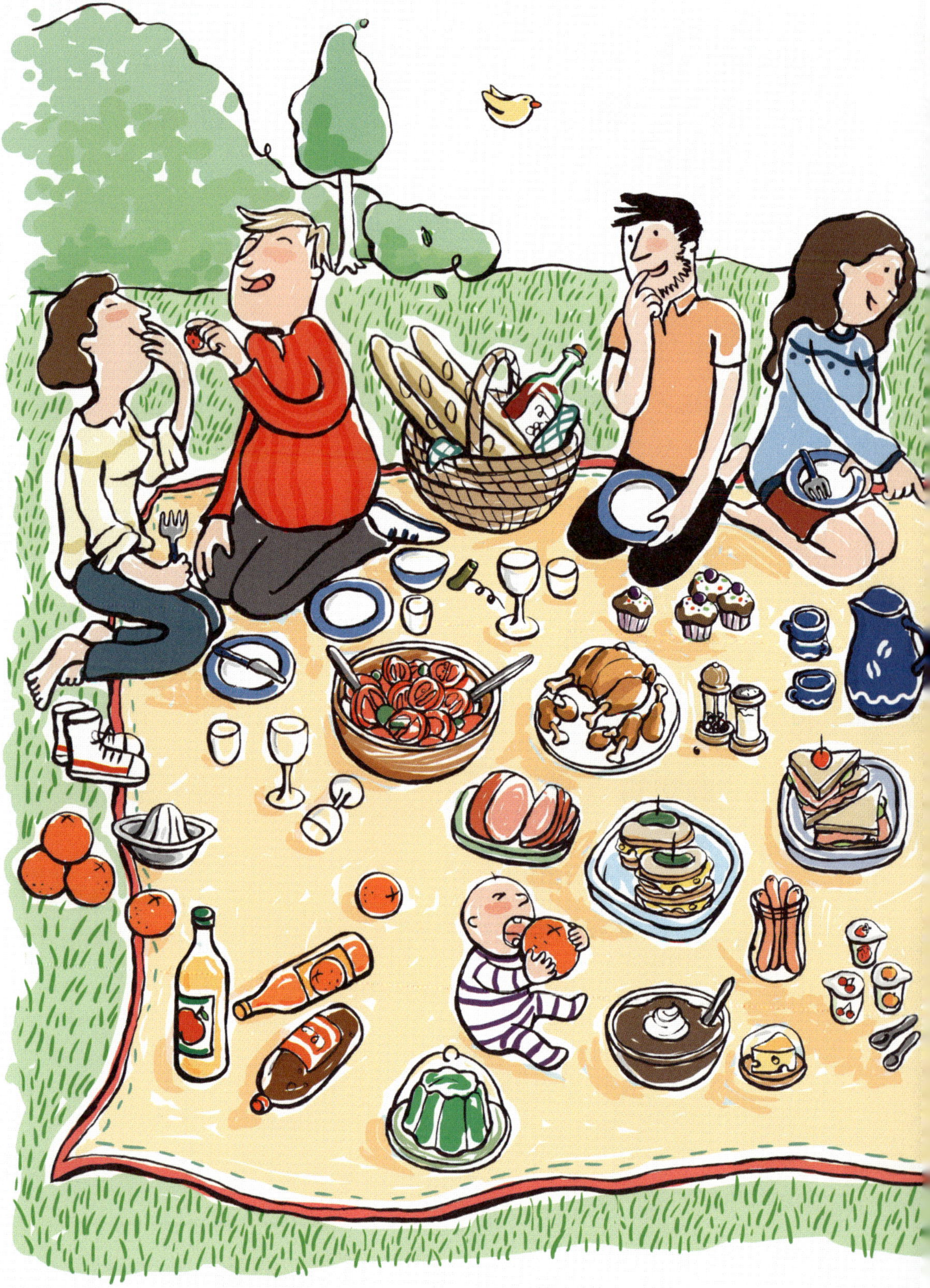

Picknick im Park

das Hühnchen	der Schokoladenpudding
das Würstchen	das Steak
das Baguette	die Erdbeere
die Schlagsahne	der Joghurt
der Käse	das belegte Brot
der Apfelsaft	der Orangensaft
die Melone	der Kuchen

UMGANGSSPRACHE

Das kann man auch anders sagen

Viele Begriffe, die wir benutzen, sind Wörter aus der Umgangssprache. So nennt man die Sprache, die wir im Alltag oder unter Freunden benutzen. Manche dieser Begriffe sind unhöflich. Sie können einen Menschen verletzen oder stören. Das sollte man immer versuchen zu vermeiden. Viele umgangssprachliche Begriffe sind aber auch super. Hier findest du eine Liste mit Wörtern, die man auch anders sagen kann.

ätzend
langweilig, uninteressant

Arsch
Hintern, Hinterteil

astrein
gut, fabelhaft, genial, sehr schön

bescheuert
ärgerlich, unerfreulich

brutal
herzlos, rücksichtslos, gewaltsam

blöd
dumm, albern, ungeschickt, beschränkt

checken
etwas verstehen, überprüfen, klären

cool
gelassen, lässig, ruhig, beherrscht

doof
langweilig, uninteressant

fies
gemein, nicht nett, unfreundlich

geil
fantastisch, großartig, unglaublich, toll

kaputt
beschädigt, defekt, unbrauchbar, zerstört

kaputt machen
beschädigen, zerbrechen, zerdrücken

das Klo
die Toilette, das WC

krass
besonders, extrem

irre
besonders, einmalig

mickrig
klein, winzig, zierlich

mosern/motzen
schimpfen, nörgeln, kritisieren, unzufrieden sein

nervig
anstrengend, belastend

öde
langweilig, uninteressant

okay
einverstanden, abgemacht, in Ordnung, alles bestens

stark
gut, toll

super
unglaublich, toll, wunderbar

tierisch
sehr gut, besonders

total
völlig, absolut, vollständig

zickig
eigensinnig, launisch, aufsässig

IMPRESSUM

Konzept Gila Hoppenstedt

Text Gila Hoppenstedt,
Karen Richardson

Spiele Gila Hoppenstedt und
Langenscheidt Redaktion

Illustrationen Ina Worms

Sprachaufnahmen
dbmedia.de, Neuwied
Sprecher Erwin Lindemann

Programmierung der Spiele
Himmer AG, Augsburg

Umschlag Arndt Knieper unter
Verwendung einer Illustration
von Ina Worms

Projektmanagement
Werkstatt München GbR • Anja Dengler,
Karen Dengler, Martin Waller und
Langenscheidt Redaktion

Satz und Repro
Franzis Print & Media, München

Druck Stürtz GmbH, Würzburg

© 2013 by Langenscheidt
GmbH & Co. KG, München

ISBN 978-3-468-20610-8

www.langenscheidt.de/kids